Hermann Flechtner

**Die Sprache des Alexander-Fragments des Alberich von Besancon**

Hermann Flechtner

**Die Sprache des Alexander-Fragments des Alberich von Besancon**

ISBN/EAN: 9783743649248

Hergestellt in Europa, USA, Kanada, Australien, Japan

Cover: Foto ©ninafisch / pixelio.de

Weitere Bücher finden Sie auf **www.hansebooks.com**

# DIE SPRACHE
### DES
# ALEXANDER-FRAGMENTS
### DES
## ALBERICH VON BESANÇON.

ABHANDLUNG

ZUR

ERLANGUNG DER DOCTORWÜRDE

BEI DER

PHILOSOPHISCHEN FACULTÄT

DER

KAISER-WILHELMS-UNIVERSITÄT STRASSBURG

EINGEREICHT VON

HERMANN FLECHTNER.

BRESLAU.
WILHELM KOEBNER.
1882.

SEINEM VEREHRTEN LEHRER

HERRN

PROFESSOR DR. GUSTAV GRÖBER

IN DANKBARKEIT

GEWIDMET

VOM

VERFASSER.

Das 105 Verse umfassende, nach Alberich von Besançon benannte Alexanderfragment ist bereits vielfach Gegenstand der Erörterung geworden[1]), ohne dass man jedoch auch versucht hätte, die Sprache des Fragments örtlich und zeitlich näher zu bestimmen. Diese Erörterungen fallen in eine Zeit, wo Diez erst um die Localisirung altromanischer Sprachdenkmale sich bemühte. Nach Bartsch[2]) und G. Paris[3]) repräsentirt die Sprache des A. Fr. eine willkürliche und zufällige Mischung franz. und prov. Elemente. Diese Ansicht bekennt, dass ein Sprachgebiet noch nicht bekannt ist, auf dem jene prov. und franz. Elemente mit einander vereinigt angetroffen worden, und stellt das A. Fr. auf gleiche Stufe mit den Clermonter Gedichten. Darnach aber wäre das A. Fr. weder für die Grammatik der prov. noch der franz. Sprache benutzbar. Ob nun diese Anschauung die richtige ist, soll in Folgendem geprüft und zugleich an der Hand bisher unbenutzt gebliebener Hilfsmittel der Versuch einer Heimathsbestimmung[4]) der Dichtung unternommen werden.

---

[1]) Die Litteratur über das A. Fr. siehe in Stengels Ausg. und Abh. Lief. I, 72. Bei Aufzählung der Drucke fehlt P. Meyer, Rec. d'anc. textes II, 282 f.

[2]) Germania II, 460 . . . „erklärt sich aus der Mischung nord- und südfranzösischer Spracheigenheiten, die wir in Alberichs Fragmente finden. . . . Besançon liegt in einer Gegend, die ziemlich die Grenze des nördlichen und südlichen Idioms bezeichnet. Es darf uns daher nicht wundern, Alberichs Sprache aus Elementen beider Idiome gemischt zu sehen."

[3]) Vie de St. Alexis 55 . . . „je n'ai pas parlé des textes mixtes, comme les poèmes de Clermont, le Fragment d'Alexandre."

[4]) Die Angabe des Pfaffen Lamprecht, dessen Alexanderdichtung auf einem franz. Gedicht beruht, von dem unser Fragment ein Theil ist, lehrt V 13:
„Elberich von Bisenzûn
Der brahte uns diz liet zu" (vgl. Menzels Litt.-Blatt 1866 No. 18).
Dass es einen Mönch, Namens Alberich gegeben hat, der eine Alexanderdichtung verfasste, wird auch durch die 12 Silbner Bearbeitung der Alexandersage im Ms. B. 5. 8. des museo civico in Venedig bestätigt, wo es heisst: „Ceste ystoire n'est mie d'Auberin le moine." (Vgl. Bartsch, Jahrb. f. rom.

Es wird aber unsere Aufgabe sein, die Sprache des A. Fr. mit den in Frage kommenden Dialekten Nord- und Südfrankreichs zu vergleichen, um eventuell einen Dialekt herauszufinden, dessen Identität mit der Sprache des A. Fr. sich beweisen lässt. Dieser Vergleichung muss eine bis ins Einzelste gehende Darstellung der Laut- und Flexionsverhältnisse des A. Fr. vorangeschickt werden, welche den I. Theil der nachstehenden Untersuchung bildet. In einem II. Theil sind sodann unter Vergleichung der Laut- und Formenerscheinungen des A. Fr. mit solchen der galloromanischen Mundarten die Sprachgebiete zu eliminiren, welche, weil von verschiedenem Lautcharakter und Formensystem, keinen Anspruch darauf haben, als Heimath des Fragmentes angesehen zu werden; in einem III. Theil ist dann der Identitätsbeweis zwischen der Sprache des Fragmentes und der des eventuell übrigbleibenden Gebietes anzutreten.

Zu Grunde gelegt ist der Text des A. Fr. in Stengels Ausg. und Abh. Lief. I, 72 ff.

Bevor wir zur sprachlichen Analyse des Fragmentes übergehen, ist hinsichtlich der Ueberlieferung desselben Folgendes hervorzuheben.

Paul Heyse, Rom. Ined. 2 giebt an: „Folgende altromanische Verse füllen eine Lücke in einer Pergamenthandschrift des Curtius etc. Eine Hand des 12. jh. hat sie in den jedenfalls älteren Codex hineingeschrieben."

Förster sagt darüber in Zeitschr. II, 79: „Das Fragment findet sich auf fol. 115$^v$ und 116$^r$ des Florentiner Cod. Bibl. Laurenz. Plut. LXIV, 356; jede Seite von verschiedener Hand geschrieben. Die erste schrieb 115$^v$ in 2 Columnen zu je 24 Zeilen (a 1—26 del Alexandre des Bartsch'schen Textes 3. Aufl. und b, 26—54 En tal forma) in schöner, grosser, gleichmässiger, senkrecht stehender Schrift, die nie den geringsten Zweifel übrig

---

u. engl. Litt. XI, 168.) Die Angabe Lamprechts, dass dieser Alberich aus Besançon war, hat natürlich nicht die Bedeutung einer Localisirung unseres Fragmentes. Es ist dies die einfache Bezeichnung der Herkunft Alberichs, welche aber nicht schon einschliesst, dass Alberich die Sprache von Besançon gesprochen und geschrieben habe, noch weniger, dass unser Fragment dieselbe darstellen müsse, wie es thatsächlich Bartsch (vgl. Anmk. 3) und P. Meyer, Rom. IV, 296 anzunehmen scheinen; vgl. auch Rochat, Germ. I, 288 f.

lässt; die 2. Seite enthält den Rest auf einer Columne, die sich über die ganze Seitenbreite erstreckt, in kleiner dicht zusammengedrängter, etwas nach rechts neigender, übrigens gleichzeitiger Schrift. Auch die Zeilen selbst sind auf dieser Seite dichter, indem den 24 Zeilen der vorigen Seite hier 28 entsprechen." Stengel bemerkt a. a. O. 72: „Schrift von 115ᵛ = der übrigen Hs., von 116ʳ von zweiter, aber gleichzeitiger Hand des 11—12. jh."
Nach diesen Angaben steht unser Fragment auf 2 mitten in dem Codex (wohl durch Zufall) leer gebliebenen Blättern geschrieben; denn wären fol. 115ᵛ und 116ʳ die letzten Blätter desselben, so würde es hier oder da bereits bemerkt worden sein. Der Copist hat aber dann jedenfalls schon ein Fragment von nicht viel mehr Versen, als das erhaltene zählt, als Vorlage gehabt. Zur Copie des ganzen Alexander oder eines grossen Fragmentes würde sicher ein anderer Ort benützt worden sein. Die Ansicht über die 2 von Förster und Stengel unterschiedenen Hände erlaubt das jetzt vorliegende Facsimile in Monacis Facsimili di antichi manoscritti per uso delle scuole di filologia neolatina, Roma 1881, zu prüfen. Ich finde sie nicht bestätigt. Sind die Hände gleichzeitig, so können jedenfalls beide Seiten von demselben Schreiber geschrieben sein, schreibt man doch je nach Umständen verschiedene Hände. Der Unterschied der 1. und 2. Seite in Bezug auf die Zeilenzahl und die Gedrängtheit der Schrift — einen solchen im Schriftcharakter finde ich nicht und halte ihn für unerweislich — erklärt sich aber sehr wohl aus dem Umstand, dass dem Schreiber nur ein beschränkter Raum zur Copirung seiner Vorlage zu Gebote stand. Er hat 53½ Zeile auf Bl. 115 untergebracht; der Rest sollte auf Bl. 116 Platz finden, und es war dem Schreiber leicht, aus der Vorlage zu berechnen, ob er den Rest in gleicher Weise, wie Bl. 115, copiren könnte oder ob er enger schreiben müsste. Er braucht nun bei gedrängter Schrift und bei ungetheilten Zeilen ½ Seite für 51½ Vers, noch einen 106. Vers beginnt er mit dem Buchstaben V und bricht dann ab; er hatte offenbar noch etliche Verse mehr zur Verfügung, höchstens aber noch etwa 50 Verse, soviel als auf dem Rest des Blattes 116 noch Raum hatte. Bl. 116 beginnt mitten in einem Satze; der angebliche zweite Schreiber hätte das plötzlich abgebrochne Werk des ersteren

mit Hilfe derselben Vorlage fortgesetzt; diese Alternative ist
aber so wenig wahrscheinlich, dass wir besser bei der Annahme
eines Schreibers verharren, wozu wir um so mehr Grund haben,
als auch die Sprache auf beiden Blättern durchaus dieselbe ist,
mithin also kein Argument für die Annahme zweier Schreiber
liefert.[1])

[1]) Ueber die Stelle, welche unser Fragment in oben bezeichnetem
Codex einnimmt, erhalte ich nachträglich durch gütige Vermittelung des
Herrn Prof. Gröber folgende Zeilen des Herrn Prof. Napoleone Caix in
Florenz: „ll frammento si trova alla fine del cap. III del libro X (im
Curtius Rufus), il quale capitolo termina al principio della colonna b. del
fol⁰ 115. Il copista del frammento avera comminciato la sua trascrigione
nella colonna stessa, poco più sotto del testo latino, ma si fermò al primo
verso: „Dit Salomon . . . forse perchè questo riuscì un po' scarabocchiato,
e ricominciò il frammento al verso del fol⁰ 115 continuando in due
colonne, com' era scritto il testo latino, per tutta la pagina, la quale finisce
colle parole: „en terra naz. En tal forma". Il resto del frammento par
certamente scritto d'altra mano, e non è più disposto in due colonne, ma
tutto di seguito, venendo solo distinti i versi con un punto. Questa parte
del frammento occupa due terzi del recto del fol⁰ 116, il quale è nel resto
bianco. Al fol⁰ 117 riprende il testo latino col cap. IV del libro X, il
quale continua regolarmente fino alla fine, al fol⁰ 124. Anche questa
continuazione del testo latino pare di due mani diverse. Forse il
primo copista finì col cap. III, secondo una nota di mano recente che si
trova in margine: „Hoc deficit ut in aliis codicibus". Della stessa mano
si legge poi un' altra nota al principio del cap. IV: „Sequitur ut in aliis
codicibus". Che il primo copista intendesse terminare col cap. III lo
farebbe credere il fatto che il quaderno dove si contiene il frammento, è
di soli 2 fogli (4 carte), mentre gli altri quaderni, compreso l'ultimo, sono
di 4 fogli (8 carte); il che prova che il copista credendo terminare col
cap. III prese un quaderno più piccolo, che bastava alla materia che ancora
rimanera. Più tardi altro copista, se non forse il medesimo,
vedendo che secondo alcuni codici il testo continuava ancora per alcuni
capitoli, vi aggiunse un nuovo quaderno di 4 fogli, su cui scrisse i capitoli
rimanenti, lasciando in bianco alcune pagine del mezzo quaderno anteriore.
(Il primo copista del frammento profettò die queste pagine.)"

Obige Vermuthung bestätigt sich also, dass das Fragment zwar nicht
auf übersprungenen Seiten, wohl aber auf leergebliebenen Blättern einge-
tragen wurde. Die Frage kann noch sein, ob lib. III cap. 4 des Curtius
Rufus erst hinzugefügt wurde, nachdem das Fragment bereits eingetragen
war. Wie dem aber auch sei, der Copist der A. Fr. hatte nur noch das
verso von fol. 116 zur Verfügung; er kann also Alberichs Gedicht, das
doch nicht vollständig Platz finden konnte, nicht vollständig vor sich ge-
habt haben, sonst würde er es nicht an diesem Orte copirt haben.

# I.
# Laut- und Flexions-Verhältnisse im Alexanderfragment.

## A. Die Vocale.
### 1. Unbetonte Vocale.

1. Syncope unbetonter Vocale. In 3 und mehrsilbigen Worten werden alle Vocale ausser a vor und nach dem Tone zwischen mut. und liq. syncopirt.
   e: temprar 102, cubrir 94, lettra 100, credreyz 30; leyre 98.
   i: dreyt 99; nobli 16. o: parabla 10.
   u: semgleyr 79 (= singularius), crollet 48 (= corrotulavit); uyl 62.
   i fällt ferner zwischen m und n in donna 44 (= domina), bleibt als e in omen 78; zwischen liq. und muta in delcad 70 (= delicatus), daher claritaz 50 und qualitaz 52 als Lehnworte zu betrachten sind; sodann in mais 23, mays 56 (= magis); also magesteyr 80 und magestres 82 (= magistrum) ebenfalls Lehnworte.
2. In allen andern Fällen sind die Vocale in Vortonsilben, soweit sie nicht durch den Einfluss umstehender Cons. eine andere Entwickelung nahmen, als solche erhalten, ausser ĭ, welches e wird.
   a: alquant 27, altet 97, valent 23, talent 73, cavalleyr 76, fayllenci 97 (yll = ĭ), exaltat 22; pargamen 9, pargamin 90, alevament 24, pleneyrament 25, mandament 26; manent 20, anceys 55, ianget 67, antic 11; baron 37. 65; cabeyl 67, cabir 98, parabla 10, aval 71, aveyron 36, aviron 64;

dracon 62, Macedonor 32, magestres 82, magesteyr 80; latin 89, matin 92, natiz 18, enperatour 31, estrobatour 27, encantatour 28; enperadur 43. Hierher gehören ad (= apud) 43. 78. 103, a 78. 92. 99, al 1. 32. 37. 38. 41.

e: leon 61; fellon 29, meyllor 34 (yll. = Ī), prodeltaz 87, delcad 70; temprar 102; gentil 44, genzor 40, mendic 14, apensad 73; ferir 95. 97, sermon 89, discernir 99, servir 56, perdet 50; Epir 41, ebrey 91, levar 103; Alexander 46, Alexandre 41. 45, region 35; medips 103, credreyz 30; presente 77, fesist 14, cunquesist 15, onestaz 86, tempestaz 43. Dazu noch losengetour 29, pleneyrament 25, enperatour 36, enperadur 43, recercelad 67; alevament 27; resemplet 65; Macedonor 32, exaltat 22; estrobatour 27; ferner in einigen einsilbigen, roman. als tonlos behandelten Worten: per 10. 13. 103, ne 10. 43. 78 (vor Cons.), nec 30 (vor Voc.), se 103. Für e erscheint i: misurar 104, mischin 88.

i: i (= lat. ī) bleibt: primier 1, primeyr 74, vidist 12, occisist 16. i (= lat. ĭ) zu e: semgleyr 79; senz (= sine + s) 97; recercelad 67; magesteyr 80. Präfix in demgemäss zu en: en (= in) 9. 36. 54. 64. 80. 90. 91. 96. 102; en (= inde) 30; empeyr 81; enperatour 30, enperadur 43, encantatour 28, encuntre 93; enseynaz 83, enseyned 88, ensignes 48. Worte, die an vortoniger Stelle i bewahren, sind Lehnworte: virtud 56, figura 64, figurad 66, avigurad 72, discernir 99; sapientia 86. I einmal zu ey: aveyron 36, daneben aviron, wo i aus ey monophthongirt scheint.

Durch Aphärese verschwand i: lay 76 (= illac), lour 30 (= illorum), i 23. 55 (= [ĭb]ĭ oder hic?), und gemeinrom. bei dem Artikel. (Vgl. „Artikel" unter No. 72.)

o: solaz 7, volunteyr 77, collet 68, crollet 48; Salomon 1; contar 25, Macedonor 32, sonar 101, tonreyes 49, onestaz 86, conten 80, bontaz 85, conseyl 85; aformad 69; estrobatour 27, novel 11, obscuraz 51; occisist 16; podent 19, prodeltaz 87; mostraz 47. Für o findet sich auch u vor liq. und vor labial: cunquesist 15; avigurad 72; cubrir 94 (= cooperire, vgl. Förster, Zeitschr. III, 506).

u: obscuraz 49, figurad 66, misurar 104; escueyr 78, prudent 21, fugir 42 (vgl. Förster, Zeitschr. III, 499 Anm. 1); ebenso ŭ: volumteyr 77, subtil 70 (wohl Latinismus);

doch meist zu o: moylier 39 (yli = ī), sor 22 (= super, aus sur corrigirt), enforcad 71; toccar 100.

3. Die Vocale in Nachtonsilben.

a stellt sich folgendermassen dar:

Bei den subst. der lat. a Decl. ist a als solches erhalten, wenn keine Palatalis vorangeht: parabla 10. coma 61 (= κόμη), forma 54, donna 44, leyra 101, figura 64, terra 15. 48. 53. 104, lettra 90, espaa 95, tota 22, rotta 100, corda 100. 102.

Nach i und jotacirtem Cons. erscheint e[1]): sie 8 (= siat), dies 56 (= dias), batalle 13, toylle 6 (= tolleat); ensignes 47, deyne 79, teyne 87 (= teneat). Ich stelle hierzu auch losengetour 29, da in dem Grundwort losenge (= laudemia) a nachtonig. Die Endung —cia (tia) wird —ci: lanci 96, fayllenci 97; dieses i erscheint in unserem Texte (vor Vocalanlaut) ohne Silbenwerth. Gretia 35 und sapientia 86, obgleich —tia in beiden einsilbig, doch wohl als Latinismen zu fassen, jenes in Anlehnung an das dreisilbige Grecia 18; a erhalten in micha 58 nach ch (worüber vgl. No. 48). Die 3. pers. sing. praes. ind. toca 58 zeigt a, wie sonst hinter c (vgl. a vor dem Ton und toccar 100); dagegen presente 77.

Vereinzelt findet sich sonst e für nachtoniges a in emfes 55. 57. 75, encuntre 93; dazu tres (= trans) in der Verbindung trestot 81.

e bleibt nachtonig als Stützvocal, sobald eine unsprechbare Consonantengruppe in den Auslaut treten würde, so in leyre 98 (= legr —e); fällt aber auch in diesem Falle in unserem Denkmal nach provenz. Weise ab in dir 39 und fayr 74. 87. 90. 92.

Anstatt eines solchen Stütz —e findet sich i in nobli 16, und nach r ein o in quatro 57, entro 105 (gegen encuntre 93).

e bleibt ferner nachtonig in Verbalformen auf —nt, so mentent 29, vertritt auch die Stelle eines u in furont 19. 21 (prov. on = unt), wogegen u nachtonig erhalten ist in duystrunt 84.

---

[1]) Vgl. Ascoli, Arch. glott. ital. III, 64 Anm. 1.

In leu 59 (= leo) ist nachtoniges o als u mit e zu einem Diphthong verschmolzen.

## 2. Betonte Vocale.

**a.**

4. Gedecktes lat. a bleibt unverändert:
vasal 34, aval 71, altre 57. 63. 75. 94, batalle 13; ample 69, an 74, Alexander 46, Alexandre 41. 45, tan 12. 16, tant 14, tanta 15, quant 2. 46, alquant 27, cant 103, anz 31 (= antius), granz 47, hanc 42 (= ad huc — ádunc, vgl. Diez, Etym. W. „anche"), daneben ainz 34 (= ains = ainc + s, vgl. Diez a. a. O.), franc 71, lanci 96; regart 59. 79, arz 83, quarz 100, parv 88; ad (= hab[e]t) 105, ab (= hab'uit) 23. 33. 38. 56. 60. 62. 66, sapi 21 (= sapjus, vgl. No. 16); pas 1, clas 2; mat 14, quatro 57; solaz 7, laz 48, faz' 7, faz 24 (= facio), braz 72.

5. Freies a als a erhalten:
   a) Inf. lat. 1. Conj. sonar 101, misurar 104, temprar 102, levar 103, toccar 100, contar 25.
   b) lat. Endung atum: recercelad 67, aformad 69, naz 46. 53. 54. 55, enseynaz 88, obscuraz 51, figurad 66, colorad 68, avigurad 72, mostraz 47; delcad 70, enforcad 71; apensad 73, exaltat 22, affactaz 82.
   c) lat. Endung atem: bontaz 85, prodaltaz 87, onestaz 86, tempestaz 49, claritaz 50, qualitaz 52, dignitaz 84.
   d) fernere Beispiele: sa 96, sas (= suas) 50. 52, mal 30, tal 38. 54. 59, qual 40; mar 36. 105, clar 66. 101, pare (= patrem) 33; parabla 10; espaa 95.

6. Die 3. sing. perf. der lat. a Conj. (= avit) erscheint als et[1]):
crollet 48, resemplet 65, enseyned 88, degnet 42, ianget 52.

7. a + gutt. wird ay (ai), ebenso a unter Einfluss eines i der folgenden Silbe: fay 5. 59 (= facit), fayr 79. 87. 90. 92, playt 98, mays 56, mais 23, lay 76, agayt 93, aysi 80. Aus a + i der folgenden Silbe: say (= sapio) 39. Analog

---

[1]) Vgl. Diez, Gram. II³, 241, und Förster, Zeitschr. III, 513 Anm.

zu fay findet sich vay 74 (= vadit); bemerkenswerth erscheint ey (= habeo) 25, wo man ay erwarten sollte.

**e.**

8. ę (= klass. lat. ē) bleibt e vor Nasal: plen 68, pargamen 9 (daneben pargamin 90) und hinter ĺ: moylier (= muliérem) 39 und in res 58.

Sonst wird ę, sowie ę (= klass. lat. ĭ) zu ey: seyr 92 (= serum), credreyz 30, treys 56, meys 57 (= mensem), peys 58 (= penset), preys 59 (= prensum): aber prist 39 (i wohl nach Analogie von fist, dist u. ähnl.); peyl 60 (= pilus), leyra 101 (= λύρα), toneyres 49 (= tonitrus), neyr 63, vey 76 (= vĭdet); anceys 55, daneben aber medips 103 (= nom. sg. metipsi?).

9. ę (= ē,ĭ) + gutt. wird ey (Lautwerth ęy?); ę (= ĕ) + gutt., sowie ę + attrahirten nachton. i zu ey (Lautwerth ęy?): ley 98, reys 28. 46. 53. 54, rey 38, rei 32, dreyt 99; aber fist 17 (= fēcit), i wohl unter Einfluss des assimilirten c.

peyz 69 (= pectus), leyre 98; empeyr 81, magesteyr 80.[1]) Hierzu stellt sich ĕrius = klass. lat. arius: cavalleyr 76, semgleyr 79, primeyr 74, soyientreyr 75[2]), escueyr 78, volunteyr 77, auch in der Femininform pleneyrament 25. Neben primeyr ein primier 1. Dazu ebrey 91 (Ebraeus).

10. Freies und gedecktes lat. ę (œ, æ) ist erhalten: leu 59 (= leo); cel 46. 105, cels 52, novel 11, mels 78; temps 11; ten 35, conten 80 (= contenet), teyne 81 (yn = ñ); podent 19, manent 20, prudent 21, gent 22, valent 23, alevament 24, pleneyrament 25, mandament 26, mentent 29, talent 73, presente 77; fer 73 (= ferus); terra 15. 48. 53. 104, terz 98; grec 57; est 53. 59.

Lat. bĕne giebt stets beyn 65. 66. 68. 71. 82. 83. 84. 88.

11. e des Hiatus in der Gruppe liq. + e + Voc. bewirkt Mouillirung des vorhergehenden Lautes: ling 31 (= linea?), teyne 81 (= teneat).

12. e prothetisch vor s impur: estor 42, estorn 87 (= ahd. sturm), estric 12, escrit 9.

---

[1]) Vgl. Zeitschr. III, 502.
[2]) Die verschiedenen Deutungen dieses handschriftlichen Wortes vgl. Stengel p. 78. Gesichert erscheint die Endung eyr = arius, daher es hier herangezogen werden kann; im übrigen muss es unberücksichtigt bleiben.

## 1.

13. Freies und gedecktes i̯ (= lat. ī) bleibt erhalten:
 chi 13. 58, qui 18. 42. 84, fil 65, gentil 47, subtil 70,
filz 28; latin 98, matin 92, vicin 93, mischin 88 (= arab.
meskîn), ling 31, ensignes 47, Amint 37, quinz 104; servir
43, cubrir 94, ferir 95. 97. Hierzu stellen sich fugir 42,
iausir 40. 96, cabir 98, discernir 99; escrit 9, si 57, antic 11,
ric 12, mendic 14, dir 39, dit 1 (= dicit), dit 10 (= dictus);
vid 9 (perf.), estric 13 (= germ. streit), natiz 18; vidist 12,
ferist 14, cunquesist 15, occisist 16; libre 2 (urspr. ī; ge-
lehrt); sie 8 (= prov. sia), i 23. 55; vgl. No. 2.
14. Gedecktes lat. ĭ = vulg. lat. ĕ erscheint hier als e:
 chel 35, emfes 55. 57. 75, entro 105; collet 68, altet 97
(beiden liegt wohl suffix-ittus zu Grunde); lettra 90; cresp
61, chest 24, magestres 82.
15. i + einer Lautgruppe, die ĺ oder ñ ergab (i + gutt. + n,
ni + Voc., ill, li + Voc.), wird e + ñ (Ỉ); geschrieben eyn,
eyl :
 deyne 79 (= dignat), cabeyl 67 (= capillus), conseyl 85;
auch vortonig: enseynaz 83, enseyned 88, degnet 42; letztere
Form zeigt, dass in den angeführten Beispielen y bei n
(analog wohl auch bei l) die Mouillirung ausdrückt; freilich
könnte ey zugleich diphthongische Geltung haben, so dass
also y in doppelter Function stünde; vgl. dazu auch
teyne 81.
 Demgegenüber mels 74 (= melius);
 ensignes 48 und dignitaz 84 charakterisiren sich durch
die Erhaltung des i als gelehrte Worte.
16. i im Hiatus. n (mb) + i + Voc. wird ng: losengetour
(= laudemiatorem) 29, ianget 52 (= cambiavit).[1])
 ti + Voc. ergiebt eine Sibilans: genzor 40, faylleuci 97.
 region 35 ist zweisilbig, also gi = ǧ oder j? Das er-
haltene i des Hiatus, welches, wie wir sehen, in unserem
Fragment sonst verschwindet, lässt wohl eher ein Lehnwort
erkennen, welches sich dem Bedürfniss des Verses anpasste.
sapi 21 (= sapjus ist ebenfalls zweisilbig = sapji? (= sapii
nom. plur.).

---

[1]) Ms. hat ianget; es kann nur canget sein; vgl. Stengel 76 und die
entsprechenden Uebertragungen Lamprechts und die 10 Silblor-Redaction;
vgl. auch Förster, Zeitschr. II, 79.

## O.

17. ǫ (= lat. ō) ist unverändert:
sol 50, non 53 (= nomen), Salomon 1, fellon 29, aveyron 36, aviron 69, barou 37. 65, tenzon 38, peysson 60, leon 61, dracon 62, falcon 63, sermon 89, non (Negat.) 8. 23. 34. 55. 70; no 42. 51. 79; meyllor 34, Macedonor 32, genzor 40, forma 54; nobli 16; tot 8. 61, tota 22, totas 83, trestot 81 (vgl. Schuchardt, Rom III, 282, und Förster, Zeitschr. III, 498), nos 7, vos 25. o erscheint als u in duyst 100 (neben doyst 94) und duystrunt 84.

18. Die Endung —tor (toris) wird —tour (einmal dur):
estrobatour 27, encantatatour 28, losengetour 29, enperatour 31 und enperadur 43. Also lat. ō = ǫ = ou = u? Vielleicht gehört —ur dem Copisten; dazu stellt sich lour 30 (= illorum).

19. ǫ (lat. ŏ) in unserem Denkmal als o erhalten:
hom 12, omen 78, coma 61, tons 102, sor 41 (= sŏr[ōr]); donna 44, fol 78, corps 71. 77, fort 19, tort 99, forz 53, corda 100. 102; trob 70, mot 2 (= movet), rotta 101 (= ahd. hrota?), toylle 6 (yll = l̃), loyn 96 (yn aus gn wohl auch hier = ñ), vgl. Schuchardt, Rom III, 280 Anm. 1. lou 5 (= locus, also ou = o + c).[1])
Lat. post erscheint als poyst 5 (vgl. prov. pois, franz. puis).
Als u erscheint ŏ in cum 17. 59. 60. 61. 62. 63. 81. 105, encuntre 93 und vor cl. in uyl 62.

## U.

20. ū unverändert erhalten (wohl = ü):
nuls 12; un 12. 23. 30. 62, uns 88; figura 64, furent 19. 21, escud 94, virtud 56, plus 23, fud 18. 28. 31. 37. 46. 47. 49. 54. 58, fu 10 (auf diphthong. fũi zurückgehend), duc 16, bu 74.

21. Lat. ŭ stellt sich dar als u:
dun (= deunde) 24. 39. 45, mul 19 (für mult), vult 66; als o: son 2 (= suum), estor 72, estorn 87, cort 74, toca 54, o 76 (= ŭbi), poyn 72 (yn aus gn); ses 33 (= suus) ist Anbildung an vorauszusetzendes mes.

---

[1]) lou = locus liest Förster, vgl. Ltrbl. f. germ. u. rom. Phil., 1882. No. 7, p. 285.

**au.**

22. Der Diphthong au bleibt in provenz. Weise: saur 60. 67, pauc 51, glauc 63, iausir 40. 96 (vgl. Förster, Zeitschr. II, 79, und Varnhagen, Zeitschr. III, 166 Anm.). Unzweifelhaft muss beiden ein au zu Grunde liegen, worauf es hier nur ankommt. Zu iausir 96 vgl. die Uebersetzung Lamprechts in Stengels Ausg. u. Abh. 80. Einmal wird au zu o an unbetonter Stelle in losengetour 29.

## B. Die Consonanten.[1]

Liquide.

**l.**

23. l nach Cons., primär und secundär vor Cons., sowie als Silben- oder Wortauslaut ist unverändert erhalten: playt 98, pleneyrament 25, plus 23, ample 69; parabla 10, nobli 16; claritaz 50, clar 66; glauc 62, semgleyr 79. ll durch Assimilation eines t in crollet 48 (= corrotulavit). l + cons.: falcon 63, delcad 70, alquant 27; exaltat 22, altet 97, altre 25. 63. 75. 94, vult 66, mul 19 (= mult), mels 74. l auslautend (ll dabei zu l vereinfacht): tal 38. 54. 59, qual 40, cel 105, fil 65, gentil 47, subtil 70, sol 50, mit flexiv. s: cels 42, fils 37, filz 27. 32; aval 71, vasal 34, fol 78, chel 35, del 11. 26. 75. 99, al 1. 32. 37. 38. 41, nuls 12.
ll inlautend erhalten: collet 68, cavalleyr 76.
24. li + voc., cl und ll im Inlaut ergeben l̦ (in der Schrift verschieden ausgedrückt): toylle 6, batalle 11, meyllor 34, moylier 39, conseyl 85; uyl 62; fayllenci 97, cabeyl 67 (peyl 60?)
25. l eingeschoben in prodeltaz 87.

**r.**

26. r ist als solches in unserem Texte überall an seiner ursprünglichen Stelle gewahrt.

---

[1] Soweit die Consonanten in Wort- und Silbenanlaut ihre lat. Gestalt beibehalten, habe ich eine Zusammenstellung der Beispiele des Textes als überflüssig bei Seite gelassen.

## m.

27. m + cons. bleibt: ample 69, temps 11, tempestaz 49, empeyr 81, temprar 102; erscheint als n: enperatour 31, enperadur 43, contar 25, cunquesist 15.
28. mi + Voc. wird ng: losengetour 29; ianget 52 (b von cambiavit fiel).
29. m + Voc. + n erhalten in omen 78; zu nn: donna 44.
30. Auslautendes m erhalten in cum 17. 59. 60. 61. 62. 63. 81. 105, hom 12. 34, zu n: son 2. 77. 93, non 33 (= nomen); erscheint und fehlt hinter r : estorn 87 und estor 42.

## n.

31. n vor Cons. n zu m vor f und g: emfes 55. 57. 75, semgleyr 79; doch enforcad 71. n vor andern Cons. fest.
nc: hanc 42, franc 76, lanci 96, ainz 34 (= ainc + s).
nt: quant 2 (= quando), tant 14, tan 12. 16, tanta 15, alquant 27, grant 95, cant 103, encantatour 28, antic 11, podent 14, manent 20, prudent 21, gent 22, valent 23, alevament 24, pleneyrament 25, mandament 26, talent 73, furent 19. 21, mentent 29, presente 77, gentil 44, entro 105, Amint 37, bontaz 85, volunteyr 77, encuntre 93, duystrunt 84; anceys 55 (= ante ipsum), fayllenci 97, anz 31 (= antius), genzor 40 (= gen[i]tiorem), quinz 104. nd: mendic 14, granz 47.
32. n vor s fällt gemeinrom. in meys 57, peys 58, preys 59, misurar 104, emfes 55. 57. 75. mostraz 47; erhält sich in apensad 73 und in Bildungen mit en und con: enseynaz 83, enseyned 88, ensignes 47, conseyl 85.
33. ñ entsteht aus g + n, ne + Voc., n + g (Schreibung meist yn, einmal gn und ng): deyne 78, enseynaz 83, enseyned 88, degnet 42 (Ueber dignitaz vgl. No. 15); teyne 81, ling 31; loyn 96.
34. n im lat. oder rom. Auslaut erhalten:
an 74 (nn vereinfacht), en (= in) 9. 36. 53. 54. 64. 80. 90. 91. 96. 102, en (= inde) 6. 30, pargamen 9, pargamin 90, plen 68, omen 78, ten 35, conten 80, latin 84, mischin 88, ermin 91, matin 92, vicin 93, beyn 60. 65. 71. 82. 83. 84. 88, region 35, aveyron 36, aviron 43, leon 61, baron 37. 65, felon 29, tenzon 38, peysson 60,

dracon 62, falcon 63, sermon 84, un 12. 23. 30. 62, dun 24. 39. 45.

### Labiale.

#### p.

35. Trat ursprünglich silbenanlautendes p in den Silbenschluss, so ist es erhalten: temps 11, corps 71. 77. Dagegen contar 25 (= comp[u]tare, vgl. Förster in Böhmers Rom. Stud. IV, 62).
36. p intervocal und in der Verbindung Voc. + p + r zu b: cabeyl 67, estrobatour 27, cabir 98; cubrir 99. Dagegen sapi 21 (vgl. No. 16).
37. p + t und p + s nach Voc. zu it und is: escrit 9, anceys 55, aber medips 103.
38. p im Auslaut nach Voc. gefallen: say 39, nach Cons. erhalten: cresp 61; pp im Auslaut vereinfacht: trob 70 (b durch partielle Assimilation an die folgende media d [delcad]).
39. p bei m + l eingeschoben : resemplet 65.

#### b.

40. b in Verbindung mit Cons. erhalten: libre 2, ebrey 91; parabla 10, nobli 16. Dazu noch subtil 70 und obscuraz 51, beides wohl gelehrte Worte, da b vor t und s ebenso verschwinden musste, wie p (vgl. contar 25 aus comp[u]tare).
41. Intervocales b zu v : cavalleyr 76.
42. b fällt aus in ianget 52, ey 25 (= habeo), ad 105 (== habet).
43. Auslautend findet sich b in sub 40, im roman. Auslaut in ab (= habuit) 23. 33. 38. 56. 60. 62. 66. 82.

#### v.

44. Ueber v im An- und Inlaut ist Nichts zu bemerken; v im Auslaut findet sich einmal in parv 88. Bei natiz 18 (= nativus) liegt wohl Suffixvertauschung vor.

#### w.

45. Germanisches w ist zu g geworden: agayt 93 (= ahd. wahta), regard 59. 79.

## Gutturale.
### c.

46. c im Wort- und Silbenanlaut vor Cons. und vor den dunklen Voc. o, u als c (= k) erhalten, c + a im Wort- und Silbenanlaut als ca erhalten: cabeyl 67, cavalleyr 76, cabir 98, cant 103, encantatur 28, delcad 70, enforcad 71, toccar 100, toca 58; dagegen micha 58, der einzige Fall von c + a nach Voc., wo c zu ch übergegangen ist; dieses ch vor a von zweifelhaftem Lautwerth, dürfte wohl aber gleiche Geltung haben wie ch in mischin (vgl. No. 49)[1]). c erscheint als i vor a in iausir 40, 96, ianget 52.

47. c vor hellen Vocalen.
a) im Wortanlaut: cel 40. 105, cels 52; secundär findet sich ch in chel 35 (= ecce + ille), chest 24 (= ecce + iste).

b) Im Silbenanlaut: recercelad 67, vicin 93, Macedonor 32, occisist 16 (cc wohl latinisirende Schreibung), discernir 99, lanci 96, sowie fayllenci 97 (wo tia zu Grunde liegt); zu s: fesist 14, ebenso fist 17 (= fecit), wo c nach Ausfall des i vor den Cons. zu stehen kam.

48. In den primären oder secundären Verbindungen c + t und c + r wird c zu i : dit 1 (= dicit), 10 (= dictus), dir 39, fayr 79. 87. 90. 92 (vgl. Ulbrich, Zeitschr. II, 527), fay 5. 59 (= facit), playt 98, dreyt 99. In affactaz 84 ist c noch unassimilirt. Auch cl vocalisirt c: uyl 62 (yl drückt aber wohl gleichzeitig l aus). Ebenso wird cs (x) zu is: aysi 80, duyst 94. 100, duystrunt 84; exaltat 22 ist demnach Lehnwort.

49. sci zu i + tonlosem s: peysson 60. Dagegen mischin 88; ch hat hier ohne Zweifel gutturalen Laut = k, den h andeutet; h scheint hier ebenso diakritisches Zeichen mit privativem Charakter zu sein wie anderwärts (vgl.Varnhagen, Zeitschr. III, 161 ff.).

50. Tritt c durch Abfall der letzten Silbe in den Auslaut, so ist es als solches erhalten: grec 89, ric 12, mendic 14, pauc 80, glauc 62, duc 16, franc 76, dazu ursprünglich auslautend in hanc 42 (= ádunc nach Diez); c ist im Auslaut vocalisirt in lou 5 (= locus), lay 76 (= illac), fällt in ne (= nec) 10. 14. 15. 16. 43. 78.

---
[1]) Vgl. auch Tobler, Germania II, 44.

51. c vor abfallendem i + Voc. tritt als z in den Auslaut:
faz 24 (= facio), dazu faz' 7 (= faciat), braz 72 (ch wie einfaches c behandelt).

### qu.

52. Für qu im Anlaut finden sich folgende Beispiele: quant 2. 16. 46, qual 46, qualitaz 52, quarz 100, quatro 57, que 8. 31. 53. 57. 75, qui 18. 38. 42. 59. 84, quinz 104. Daneben chi 13. 58. Auslautend erscheint qu als c: nec 30 (= neque), antic 11.

### g.

53. g im Wort- und Silbenanlaut nach Cons. erhalten: pargamen 9, pargamin 90, semgleyr 79.

g im Inlaut wird vor r und s vocalisirt: leyre 98; mais 23, mays 56; magestres 82 und magesteyr 80 daher wohl Lehnworte.

g vor und hinter n, vgl. No. 33.
54. g im Silbenanlaut nach Voc. erhalten: figura 69, figurad 66, avigurad 72, fugir 42. Ueber region 35 vgl. No. 16.
55. g in roman. Auslaut zu i (y): ley 98, rey 38, rei 32, reys 28. 46. 53. 54.

### h.

56. Anlautendes h findet sich nur einmal in hom 12 erhalten.

## Dentale.

### t.

57. t im Anlaut, inlautend und auslautend nach Cons., auch wenn sie ausfielen oder vocalisirt wurden, ist fest:

escrit 9; dit 1. 10, playt 98, dreyt 99, agayt 93, affactaz 82, vult 66 (aber mul 19); regart 59. 79, fort 19, tort 99; tot 8. 61, trestot 81, mat 14, collet 68, altet 97; chest 24, poyst 5 (wo t sonst gemeinrom. fiel). Beispiele für nt vgl. No. 31.
58. Intervocales t und t vor liq. fiel aus: espaa 95 (= germ. spatha), escueyr 78: pare 23, toneyres 49 (= tonítrus). Wo sich intervocales t erhalten findet, haben wir es mit Lehnworten oder Neubildungen zu thun; claritaz 50, qualitaz 52, dignitaz 84, natiz 17, estrobatur 27, encantatour 28,

enperatour 31, latin 89. Auf älterer Lautstufe stehen die Worte, welche d für t aufweisen: enperadur 43; podent 19, medips 103.

59. Intervocales tt ist als einfaches t (einmal tt) erhalten: lettra 91; batalle 13, matin 92 (= mat[u]tinus); tota 22, totas 83, wo unzweifelhaft tt zu Grunde liegt (tottus oder tuttus? vgl. Schuchardt, Rom. III, 282, und Förster, Zeitschrift III, 498).

60. ti + Voc. wird tonlose Spirans: anz 31 (= antius); genzor 40; fayllenci 97. Daher sind sapientia 86 und gretia 35 als Latinismen anzusehen, trotzdem —tia in beiden einsilbig ist (wohl weil man sapienzja, grezja sprach).[1]

61. Isolirtes t im Auslaut als d erhalten: virtud 56, escud 44; ferner in den participiis der a Conj.: recercelad 67, figurad 66, colorad 68, aformad 69, enforcad 71, avigurad 72, apensad 73; delcad 70; exaltat 22 ist gelehrtes Wort.

Für et == „und" ist in der Handschrift meist die Abkürzung gebraucht; et findet sich 39. 95, e 35 und ey 76 (eylay, oder ist vielleicht zu trennen e ylay?), an allen 4 Stellen vor consonant. Anlaut; et + Artikel: el (= et lo) 72. 99; els (= et los) 36. Ueber Erhaltung und Schwinden des t in Verbalformen vgl. „Verbalflexion".

62. t zwischen s und r eingeschoben in duystrunt 84.

**d.**

63. Intervocales d ist erhalten: vidist 12, Macedonor 32, prudent 21, prodeltaz 87, auch wenn der 2. Vocal ausfiel: credreyz 30; ist geschwunden: vid 9. 34, vay 74, vey 76; zu s: losengetour 29, occisist 16.

64. Lat. auslautendes d erhalten in ad 43. 78 (vor Vocal, wohl zur Tilgung des Hiatus) und 103 vor l; vor Cons. gefallen: a 78. 92. 99; mit dem Artikel verschmolzen zu al 1. 32. 37. 38. 41.

Roman. auslautendes d zu t: quant 2. 46, grant 85; abgefallen: en (= inde) 6. 30, dun (= de unde) 24. 39. 45.

**s.**

65. s im Wort- und Silbenanlaut und in Verbindung mit Cons. erhalten:

---

[1] Vgl. Förster, Zeitschr. II, 80.

sc: escud 94, obscuraz 51, discernir 99, escrit 9, mischin 88, peysson 60 (= piscionem).
sp: cresp 61, espaa 95.
st: tempestaz 49, onestaz 86, estor 42. 87, trestot 81, mostraz 47, estric 13, estrobatour 27, magestres 82, magesteyr 80, chest 24, est 53. 59, poyst 5; secundär: vidist 12, fesist 14, cunquesist 15, occisist 16.

66. Ursprünglich oder secundär auslautendes s erhalten: res 58, treys 56, vos 25, nos 7, plus 23, emfes 55. 57. 75, mais 23, mays 56, mels 79, temps 11, corps 71. 77; pas 1, clas 2, meys 57, peys 58, preys 59, anceys 55, medips 103.

Zumeist erscheint s im Auslaut als flexivisches: totas 83, nuls 12, fils 37, cels 52, uns 88, tons 102, reys 28. 46. 53. 54, ensignes 47, toneyres 49.

z für flexiv. s in filz 28. 32 (neben fils 37), natiz 18.

67. t + s und d + s im Auslaut zu z: naz 46. 53. 54. 55, mostraz 47, laz 48, tempestaz 49, claritaz 50, obscuraz 51, qualitaz 52, affactaz 82, enseynaz 83, dignitaz 84, bontaz 85, onestaz 86, prodeltaz 87; credreyz 30, peyz 69; toz 51. 102; quinz 104, quarz 100, arz 83, porz 36, forz 53; granz 47.

**z.**

68. Unetymologisches z angefügt in senz 97 (= sine + s), ainz 34 (= ainc + s). Ueber z aus ci (ti) + Voc. im In- und Auslaut vgl. No. 51 und No. 60, über den Wechsel von s und z im Auslaut No. 66.

---

69. Es ist hier der Ort, die Lautdoubletten unseres Textes zusammenzustellen;
es sind folgende: primier 1 und primeyr 74 (vgl. No. 9),
aveyron 36 und aviron 64 (vgl. No. 2),
pargamen 9 und pargamin 90. Letzteres bezeichnet ohne Zweifel die griechische Aussprache des zu Grunde liegenden η; vgl. im Ducange ein pergaminerius neben pergamenum.

anceys 55 und medips 103. Dass letzteres nicht Lehnwort ist, beweist d für interverbales t.

emfes 55. 57. 75 und encuntre 93, dazu trestot 81 mit e
für nachtonig a neben sonst stets erhaltenem a, dazu die
3. sg. praes. presente 77 neben toca 58 weisen darauf hin,
dass das Denkmal auf einem Gebiete entstand, wo Provenz.
und Franz. sich begegneten. Es lässt sich sehr wohl denken,
dass auf einem solchen Gebiete sich vereinzelt französische
Worte consolidirten, wo der Dialekt im allgemeinen prov.
Bildungsweise folgte.

Ueber losengetour 29 mit o = au neben Formen wie
saur 60. 67, pauc 51 etc. (vgl. No. 22) lässt sich Nichts
aussagen, da der dem au zukommende Lautwerth aus dem
Fragment nicht zu ermitteln ist. (Vielleicht ist au = $\varrho\acute{o}$
zu sprechen?)

Intervocales t schwindet in unserem Fragment (espaa,
escueyr); encantatour 28, losengetour 29, enperatour 31 mit
t lassen sich daher nur als halbgelehrte Bildungen be-
trachten; enperadur 43 mit d dürfte wohl dem Schreiber
angehören, umsomehr als auch ur für das im Fragment
gebräuchliche —our steht.

In der Bedeutung „jemals" findet sich hanc 42 und ainz
34 (= ainc [anc] + s).

## Die Flexion.

### 1. Artikel.

70. Masc. nom. sing. lo 50. 52. 54, li 98. 100. 104    fem. la 48.
    l' vor Vocal 81. 88. 94.
  enklitisch quel 28 (= que lo).
  obl. sing. lo 2. 60. 66. 67. 68. 69. 70.
    71. 72. 73    fem. la 35. 64.
    l' vor Voc. 5. 24. 62. 63. 80.
  enklitisch el (= et lo) 72. 99, mit Präpositionen
    del 11. 26. 74. 75. 99. al 1. 32. 37. 38. 41.

Von Pluralformen findet sich nur einmal in der Enklise
els 36 (= et los).

## 2. Substantivum.

**71.** Declination. nom. sg. terra 48.

    obl. sg. terra 15. 53. 104  plur. ensignes 47.[1])

Hierher gehören die Worte lat. 1. Decl. und die zu den fem. übergegangenen neutra plur. auf a (nach pal. e, i). Beispiele zusammenzustellen ist überflüssig.

**72.** 2. Declination. (Vgl. Diez, Gram. II⁸, p. 39.)

| nom. sg. | obl. sg. | nom. plur. | obl. plur. |
|---|---|---|---|
| fils 37. | | | |
| filz 28. 32. | fil 65. | | tons 102. |
| cels 52. | cel 40. 105. | | porz 36. |
| reys 28. 46. 53. 54. | rey 12. 14. 38. 41. | rey 19. 21. | |
| | rei 32, lou 5. | | |
| toneyres 48. | | | |
| altre 94. | | | |
| Alexander 46. | Alexander 26. 41. 45. | | magestres 82. |
| pare 33. | | | |
| sol 50. | | | |
| Salomon 1. | | | |
| hom 12. 34. | omen 78. | | |

Alle übrigen hierher gehörenden Worte sind obl. sing. von durchaus regelrechter Form. Die Nomina dieser Declination zeigen im nom. sing. ein s, wenn sie im Lat. bereits ein solches hatten (toneyres geht zurück auf tonítrus). Die nom. sing.: altre, Alexander, pare, sol, Salomon, hom haben ebenso correct wie alterthümlicherweise kein s.

**73.** 3. Declination. (Diez, Gram. II⁸, 39.)

| nom. sg. | obl. sg. | nom. plur. | obl. plur. |
|---|---|---|---|
| res 58. | ley 28. | tempestaz 49. | claritaz 50. |
| | region 35. | | qualitaz 52. |
| | tenzon 38. | | dignitaz 84. |
| | sermon 89. | | bontaz 85. |
| | peysson 60. | | onestaz 86. |
| | moylier 39. | | prodeltaz 87. |
| | gent 22. | | arz 83. |
| | virtud 56. | | |

Für den nom. sg. fehlen leider charakteristische Beispiele; im übrigen ist die Flexion correct.

---

[1]) Hierher gehört wohl auch dies 58 (obl. plur.) aus dias (wie sie 8 aus siat), vgl. prov. dia, altfr. di; Boethius 20 en dies.

Von Worten mit beweglichem Accent finden sich im A. Fr. folgende:

| nom. sg. | obl. sg. | nom. plur. | obl. plur. |
|---|---|---|---|
| enfes 55. 57. 75. | | | nicht belegt |
| leu 59 (vgl. Tobler, leon 61. | | | |
| Germania II,442). | | | |
| sor 41. | dracon 62. | | |
| | falcon 63. | | |
| | baron 37. 65. | | |
| | encantatour 28. | | |
| | enperatour 31. | estrobatour 27. | |
| | enperadur 43. | losengetour 29. | |

74. Indeclinabilia sind: pas 1, clas 2, temps 11, corps 71. 77, solaz 7, laz 48, braz 72, peyz 69. Reste des lateinischen gen. plur. erhalten in: lour 30 (=illorum), Macedonor 32 (Macedonorum für Macedonum). Latinismus ist Xerxem 38, wohl auch res 58. Die Eigennamen begegnen im A. Fr. meist in lat. Gestalt: Alexander Magnus 17, Grecia 18 (dazu auch Gretia 35), Philippus 33, Olimpias 44, Alexander 46.

Weitere Latinismen sind: pecunia 20, enfirmitas 5, otiositas 6, antiquitas 7, vanitas 8; vers 3 und 4:

est vanitatum vanitas
et universa vanitas.

## 3. Adjectivum.

75. Die Flexion des Adjectifs ist ausnahmslos correct und übereinstimmend mit der des subst.

| nom. sg. | obl. sg. | nom. plur. | obl. plur. |
|---|---|---|---|
| - | tanta 15. | - | - |
| - | tota 22. | - | totas 83. |
| nuls 12. | novel 11. | fellon 29. | granz 47. |
| toz 51. | primier 1. | podent 19. | toz 48. 102. |
| forz 53. | antic 11. | fort 19. | |
| altre 57. 75. | tant 14. | manent 20. | |
| | | prudent 21. | |
| | | sapi 21. | |

In tot 8 ist das lat. neutrum erhalten; auch in grant 95, altet 97 liegen wohl neutrale Bildungen vor. (Vgl. Tobler, Darstellung der lat. Conjugation etc., p. 38.)

## 4. Pronomen.

76. a) **Personalpronomen** (Conjunctives).
1. pers. nos 7 (dat. plur.), 2. pers. vos 25. 39 (dat. plur.), 3. pers. lo 100 (obl. sing.), sonst nur in der Pro- und Enklise: nol 9, sil 58, quil 84, l'enseyned 88; obl. plur. lour 30.
Pron. reflex. der 3. pers. pro- und enklitisch: s'[en] 6, [aysi]s 80.

b) **Possessivpronomen.**
Unser Text hat nur die 1. und 3. pers. des conjunctiven Possessivpron.

| | | |
|---|---|---|
| masc. nom. sg. ses 33. | | fem. m' 5. |
| obl. - son 2. 77. 93. | | „ sa 96 s' 95. |
| | | obl. plur. sas 50. 52. |

c) **Demonstrativpronomen.**
chest 24 (obl. sg.)   chel 38 (nom. sg.)

d) **Relativpronomen.**
nom. sg. qui 18. 38. 42. 56, chi 13. 58.   nom. plur. qui 84.
Weitere Pronominalformen finden sich im A. Fr. nicht.

## 5. Verbum.

77. 1. **Infinitiv.** Die Verba lat. 1. und 4. Conjug. bilden den Inf. auf ar und ir: sonar 101, misurar 104, temprar 102, levar 103, toccar 100, contar 25; ferir 95. 97, cubrir 94, servir 43. Dazu iausir 40. 96 (= got. kausjan).
Die Verba lat. 3. Conjug. gehen theils zu derselben Bildung auf —ir über: discernir 99, cabir 98, fugir 42, theils auf —re aus: leyre 98. In dir 39 und fayr 74. 87. 90. 92 ist auslautendes e geschwunden (wie häufig improv.).

78. **Participium praes.** Die lat. 1. Conjug. hat im part. praes. die Endung —ad: recercelad 67, aformad 69, colorad 68, figurad 66, avigurad 72, enforcad 71, apensad 73. Einmal findet sich noch —at im Lehnwort exaltat 22.
Mit flexiv. s erscheint die Endung —az:
obscuraz 51, mostraz 47, enseynaz 83, affactaz 82.
Eine Femininform kommt im A. Fr. nicht vor. Von den übrigen Conjugationen ist nur die lat. 3. Conjug. vertreten mit den Formen escrit 9, dit 10, preys 59.

**79. Praes. Indicativ.**
1. pers. sg. ey 25 (= habeo), say 39 (= sapio). 2. pers. —
3. pers. sg. Bei den verbis lat. 1. Conjug. fällt flexiv. t
ab: toca 58, sonst e in presente 77, deyne 79.
Die Verba lat. 2. und 3. Conjug. haben flexiv. t theils
erhalten: dit 1 (= dicit), mot 2 (= movet, vgl. Suchier,
Mundart des Leodegarliedes, Zeitschr. II, 258 Anm. 3),
cort 74, est 53. 59; als d: ad 105 (= habet) vor folgendem
Anlaut d; theils ist t mit dem tonlosen Endungsvocal geschwunden.
fay 5. 59, vay 74, vey 76, conten 80.
3. plur. mentent 29.

**80. Praes. Conjunctiv.**
Die lat. 1. Conjug. ist durch die 3. sg. peys (= pe[n]set)
58 vertreten; die Endung —at der übrigen Conjug. ist
hinter i und jotacirtem Cons. als e erhalten: toylle 6, teyne
81, faz' 7; sie (= siat) 8.

**81. Perfectum.**
3. sing. Die Verba lat. 1. Conjug. bilden (durch Analogie) Formen auf —et:
crollet 48, resemplet 65, enseyned 88, deynet 42, ianget 52.
Von schwacher Flexion der anderen Verba bietet unser
Denkmal perdet 50.
Die Verba mit starker Flexion behalten auslautendes t:
fist 17, prist 19, duyst 94. 100; dies t zu d: vid 9. 34
(vor vocal. Anlaut). Das perfectum von esse lautet fud 18.
31. 51 (vor d); 37. 49 (vor Voc.); 28. 46. 47. 54. 55 (vor
Cons.), fu 10 (vor anlautendem d).
Die Endung —uit fällt ohne Weiteres ab:
pot 40 (= potuit), ten 35 (= tenuit), ab (= habuit) 33.
38. 56. 60. 62. 66. 82.
3. plur. Endung —ent, einmal —unt: furent 19. 21,
duystrunt 84.

**82. Imperfectum Conjunct.**
Auslautendes t blieb, der tonlose Vocal der Endung
schwindet:
vidist 12, fesist, 14, cunquesist 15, occisist 16.

**83. Futurum.**
Die einzige Futurform des Textes ist die 2. plur. credreyz 30.

84. **Doppelbildungen in der Flexion** finden sich zunächst beim Verbum. Flexiv. t ist in den Praesensformen lat 2. und 3. Conj. gewahrt mit Ausnahme von 4 Formen. Den Praesensbildungen dit 1, mot 2, cort 74, ad 105 (est 53. 59) stehen **ohne** t gegenüber: fay 5. 59, vay 74, vey 76, conten 80. Letzteres erklärt sich vielleicht aus einer Vermischung mit dem perf. (vgl. ten 35), wo die Endung —uit spurlos verschwindet; es ist demnach fay, vay, vey besonders in Betracht zu ziehen. Alle drei Verba haben roman. diphthongischen Stamm; vey (= videt, ɪ = ę = ey), fay (ay aus a + c); ay in vay kann nur auf Analogie beruhen. Es scheint, dass derartige Verbalformen im Dialekt des Fragmentes eine Sonderstellung einnehmen. Blicken wir zurück, so treffen wir den nom. sg. masc. des Artikels lo und li (vgl. No. 70). Es lässt sich hier wohl dieselbe Annahme machen, die Förster in Böhmers Rom. Stud. IV p. 45 (Gallo-ital. Predigten) macht: „dass bei der Niederschrift eines nicht als Schriftsprache fixirten Dialektes schwankende Formen nicht unmöglich seien." Hier liegt überdies nicht ein Original-Manuscript vor.

# II.

Vorstehende Uebersicht über den Laut- und Formenbestand des A. Fr. zeigt eine vierfache Reihe von Laut- und Flexionserscheinungen:
a) Laute und Formen, die sowohl dem altfranz. als auch dem altprov. angehören;
b) solche, die dem altprov. eigen sind und dem altfranz. fehlen;
c) solche, die dem altfranz. eigenthümlich sind, aber im altprov. ungebräuchlich;
d) solche, die beiden Sprachen fehlend, dem A. Fr. specifisch eigenthümlich sind.

a) die gemeinsam **nord- und südfranzösischen Laut- und Flexionsformen** ersieht jeder leicht aus vorstehender Uebersicht.
b) **Provenzalisch** ist
1. die Erhaltung von betontem, freiem a: sonar 101, misurar 104, temprar 102, levar 103, toccar 100, contar 25; recercelad 67, aformad 69, naz 46. 53. 54. 55, enseynaz 83, obscuraz 51, figurad 66, colorad 68, avigurad 72, mostraz 47, delcad 70, enforcad 71, apensad 73, exaltat 22, affactaz 82; bontaz 85, onestaz 86, prodeltaz 87, tempestaz 49, claritaz 50, qualitaz 52, dignitaz 84; tal 38. 54. 59, qual 40, mar 36. 105, clar 66. 101, espaa 95.
2. Die Erhaltung des a in nachtoniger Silbe, wenn keine palatal vorangeht: parabla 10, coma 61, forma 54, donna 44, leyra 101, figura 64, terra 15. 48. 53. 104, lettra 90, espaa 95, tota 22, rotta 100, corda 100. 102.[1])

---

[1]) Wenn schon das Eulalialied e für a setzt, so könnte doch ein französischer Dialekt existirt haben, der a länger beibehielt, und wäre bei dem anscheinenden Alter unseres Textes die Annahme gestattet, derselbe gehöre einem Dialekte an, welchem in der Abfassungszeit des Fragmentes die Umbildung von a zu e noch fremd gewesen wäre, der aber vielleicht

3. Der Uebergang von intervocalem p zu b: cabeyl 67, cabir 98, estrobatour 27, cubrir 94. (Franz. müsste p zu v werden, vgl. Eide savir; Eulalialied: sovre = supra.)
4. Das Praet. der lat. a Conjug. auf —et: crollet 48, resemplet 65, enseyned 88, degnet 42, ianget 52.
5. Der Abfall des t in der 3. sg. praes. ind.: fay 5. 59, vay 74, vey 76, conten 80; und der Abfall von et im conj. praes. der a Conjug. peys 58.
6. Die Apocope des auslautenden e in dir 39, fayr 74. 87. 90. 92.
7. au für o in den Worten saur 60. 67, glauc 62, pauc 51, iausir 40. 96, wenngleich der Lautwerth unbestimmt ist.
8. Einzelne Worte: fugir 42 mit erhaltenem, intervocalem g; die anderen Beispiele mit intervocalem g sind gemein gallorom. Lehnworte (vgl. No. 54); der nom. sg. masc. des Artikels lo 50. 52. 54.
c. Französisch ist:
1. Der Uebergang von nachtonigem a nach Pal. zu e: batalle 13, ensignes 47, sie 8, dies 56, deyne 79, teyne 87,

---

nicht viel später von derselben ergriffen wurde. Die Erhaltung des a würde also franz. Abkunft des Fragmentes nicht ausschliessen. Diese Annahme müsste sich aber mit der No. 3 dargelegten Erscheinung, wonach insbesondere a hinter Pal. (Voc. und Cons.) regelmässig zu e[i] wird, während ebenso regelmässig sonst nachtoniges a bleibt, auseinandersetzen. Hierin nimmt das A. Fr. eine mittlere Stellung ein zwischen einem specifischen Zuge des Nordfranz. (a zu e) und des Südfranz. (a = a). Auf franz. Boden ist solches Verhalten des a Lautes bis jetzt noch nicht nachgewiesen, es sei denn, dass es in den Eiden anerkannt werde (aiudha — cadhuna — cosa — fazet), deren Mundart aber noch zu bestimmen bleibt.

Alle freien a wurden auf franz. Gebiete zu e und sind es schon zur Zeit der Abfassung des Eulalialiedes geworden. Im A. Fr., wo die Umbildung des unbetonten a zu e, ein Assimilationsprozess, an eine bestimmte Lautfolge gebunden ist, ist der Lautvorgang ein bedingter; folglich müsste einer, der das A. Fr. mit seiner Darstellung des a Lautes als einen franz. Text betrachtet, den Nachweis zu führen vermögen, dass allgemein die franz. Umbildung von a zu e ihren Anfang hinter Palatalen genommen hätte. Gelänge dies, so wäre das A. Fr. doch ein Text, der hinter dem älteren Eulalialied in der Sprachentwickelung zurückgeblieben wäre, was aber am ehesten in einer Gegend geschehen konnte, wo Abneigung gegen den a Laut nicht bestand; als solche Gegend kennt man aber nur das prov. Sprachgebiet, folglich darf in a = a eines der prov. Charakteristika erblickt werden.

toylle 6. Dazu stellen sich emfes 55. 57. 75, encuntre 93, presente 77, trestot 81.

2. Der Uebergang von ō zu ou: estrobatour 27, encantatour 28, losengetour 29, enperatour 31 (enperadur 43), lour 30.

3. Die Erhaltung des flexiv. t in den Verbalformen: praes.: dit 1, mot 2, cort 71, est 53. 59, ad 105. 3. plur. mensent 29.
perf.: fist 17, prist 39, duyst 94. 100, vid 9. 34. Ferner das perf. von esse fud 37. 49; 18. 31. 51; 28. 46. 47. 54. 55 und fu 10 (prov. fo). 3. plur. furent 19. 21, duystrunt 84.

4. Der Ausfall des intervocalen t: espaa 95, escueyr 78.

5. Die Diphthongirung von ę (== klass. lat. ē, ĭ) zu ey: credreyz 30, treys 56, seyr 92, meys 57, peys 58, preys 59; peyl 60, leyra 101, tòneyres 49, aveyron 36, neyr 63, vey 74.

6. Die cas. obl. sing. auf —on von Worten mit beweglichem Accent haben n ausnahmslos fest, während dasselbe prov. im Boethiuslied facultativ ist. Im Reim stehen baron 37. 65, tenzon 48, peysson 60, leon 61, dracon 62, falcon 63; vor conson. Anlaut fellon 29; vor vocal. Anlaut Salomon 1, sermon 89.

7. Einzelne Worte: pronom. poss. ses 33; leyre 98 (das prov. zur i Conj. überging); der nom. sg. masc. des Artikels li 98. 100. 104.

d) Specifica des A. Fr. sind:

1. Die Darstellung von nachtonigem a als e nach Pal., als a nach beliebigem anderen Cons., als i in der Endung cia: lanci 96, fayllenci 97.

2. arius zu eyr: cavalleyr 76, semgleyr 79, primeyr 74,[1]) sogientreyr 75, escueyr 78, volunteyr 77; pleneyrament 25.

3. Die Perfecta auf ui werfen ui ohne Weiteres ab: ab (= habuit) 33. 38. 56. 60. 62. 66. 82, pot 40 (= potuit), ten 35 (== tenuit).

4. Statt des gemein rom. auslaut. e findet sich i in nobli 16, dazu sapi 21, und o nach r: quatro 57, entro 105.

---

[1]) primeyrs findet sich prov. einmal in einer Urkunde aus Montpellier vom Jahre 1122, vgl. Bartsch, Chrest. prov. 47, 19. Die Femininform in ey ist im prov. häufiger, vgl. Chrest. prov. primeiramen 122, 35, premeiramen 179. 45, daneben premieiramen 332. 39, primieyrament 407. 18.

5. Das gleichzeitige Vorkommen des nom. sg. masc. des Artikels als lo 50. 52. 54 und li 98. 100. 104.

6. Das Nebeneinanderbestehen von Perf. wie crollet 48, resemplet 65 und fist 17, prist 19 etc.

7. Einzelne Worte: ey (= habeo) 25[1]); ey aus ě in beyn 65. 66. 68. 71. 82. 84. 88, pare 33 (= patrem).[2]) Diese Laut- und Formenerscheinungen sind noch in keinem der prov. oder altfranz. Litteraturdenkmäler vereinigt angetroffen worden und das Nebeneinanderbestehen von Perfecten wie resemplet ein- und fist andererseits gestattet weder ein altfranzösisches noch provenzalisches Sprachdenkmal im A. Fr. zu erblicken.

Es könnte nun freilich aber der Fall vorliegen, der im Leodegar die franz.-prov. Laut- und Flexionsmischung erklärt. Die Provenzalismen könnten von einem provenz. Abschreiber herrühren, der eine franz. Vorlage zu copiren hatte, oder ein franz. Copist könnte eine prov. Vorlage durch franz. Wortformen depravirt haben. Dabei fänden jedoch die unter d zusammengestellten lautlichen und flexivischen Specifica des A. Fr. ihre Erklärung noch nicht, und für diese müsste dann neben der einen oder anderen dieser beiden Annahmen immer noch die Localität gesucht werden. Es ist daher geboten, den Text, sowie er vorliegt, als ein spracheinheitliches Schriftstück aufzufassen und es müssen Schriftstücke und Mundarten des francorom. Sprachgebiets zu ermitteln versucht werden, in denen die Sprache des A. Fr. wiedererscheint, oder für welche sie als Durchgangsstufe angesehen werden kann.

Für eine solche Localisirung des A. Fr. hat in neuerer Zeit Ascoli einen höchst wichtigen Fingerzeig gegeben in seinen „Schizzi franco provenzali" Arch., gloss. ital. III, p. 64 Anm. 1 und p. 85 Anm. 3. Er deutete dort darauf hin, dass wir wegen gewisser identischer Erscheinungen der Sprache des A. Fr. mit den Dialekten des francoprov.[3]) Sprachgebietes, von denen er „per tacer d'altro"

---

[1]) ei (= habeo) in der Confession (Bartsch, Chrest. prov. 20 f) 7 mal; ebenso einmal 151. 31 in einer Urkunde; sonst prov. ai (ay).

[2]) pare in limousinissen Predigten Chrest. prov. 25. 37; sonst prov. paire.

[3]) Vgl. die Grenzen des franco-prov. Sprachgebietes a. a. O. p. 61 ff.

die Einwirkung einer pal. auf folgendes nachton. a hervorhebt, in unserem Fragment ein franco-prov. Denkmal besitzen dürften. Hiernach würde bei der Concurrenz um die Heimath unseres Fragmentes der Osten Frankreichs in erster Linie in Frage kommen. Versuchen wir deshalb zunächst, ob sich das übrige Gebiet Süd- und Nord-Frankreichs von dieser Concurrenz wirklich ausschliessen lässt.

Folgen wir der von Tourtoulon und Bringuier, Etude sur la limite géographique de la langue d'oc et de la langue d'oil (Paris 1876), gefundenen Grenze zwischen französ. und prov. Sprachgebiet und fassen zuerst die südfranzösischen Mundarten ins Auge, so ist die Sprache der Landschaften:

Gascogne, Limousin, Auvergne, Rouergue, Provence etc., kurz das prov. Gebiet bis zu seinen nördlichen Grenzen und östlich bis zum Rhône mit Ausnahme von Lyonnais, ferner das Land südlich von der Isère, in der That schon aus den Gründen ausgeschlossen, die Ascoli l. c. anführt, nämlich dadurch, dass pal + e aus pal + a nach dem Tone in jenen südfranz. Mundarten nicht heimisch ist, sondern auch in diesem Falle a (o) noch fortbesteht.[1]) Ferner lauteten, was zunächst Limousin[2]) anbetrifft, dort noch im 16. jh. die klassisch-prov. Formen der starken Perfecta, vgl. Chabaneau, gram. lim. p. 378: „les textes limousins des XIV$^e$, XV$^e$ et XVI$^e$ siècles . . . n'offrent jamais pour le prétérit que les formes classiques."

In allen oben angeführten Mundarten aber haben die stammbetonten Perfecta mit ui-Bildung heute die Form —gué, welche, wie man mit Chabaneau[3]) annehmen muss, den altprov. Texten zufolge, stets eine Form mit auslautendem

---

[1]) Arch. gloss. ital. III, 75 . . . cioè il mancar di quest' azione delle palatili nel territorio provenzale, dazu p. 76—81.
[2]) Ueber die Verbreitung des limousinischen Dialektes vgl. Chabaneau, gram. lim., Avant-propos p. 1 f.
[3]) Gram. lim. 253: Le prétirit était fort dans la langue classique et le „c" radical y devait devenu z ou s. Mais on trouve aussi „fec" à la 3$^e$ pers. dans un document fort ancien (Planh de St. Estève). De ce „fec" (ailleurs sans doute „fac") ont très-bien pu se développer les formes actuelles. Les „Leys d'amors" (II, 386) mentionnent en la reprouvant du reste, la forme „figui" à la 1$^e$ personne.

c zur Grundlage hatte; vgl. Boethius venc 41, veng 40, volg 22, sostenc 24, retenc 31, ac 34; Planh de sant Estève: volc 60, foc 66. 67 (sonst fo). Es liegt hier also eine Entwickelung vor, die grundverschieden ist von der Perfectbildung des A. Fr. (fud, ab, ten pot). Solche Perfectformen obengenannter Mundarten sind folgende:

**Gascogne** (vgl. Recueil de l'ancien dialecte gascon d'après des documents antérieures au XIV$^e$ siècle par Achille Luchaire, Paris 1881). Darin die prov. Formen fo 121, foren 120; weitere Formen stammbetonter Verba finden sich in den p. 113—128 gebrachten Urkunden aus der „région Girondine" nicht. Es genügt jedoch der flüchtigste Blick in dieselben, um die Verschiedenheit der Sprache von der des A. Fr. zu erkennen.

**Limousin** (Chabaneau, gram. lim.)
vegué (= vidit, altprov. vec) 254, pougué (= potuit, altprov. poc) 265, tengué (= tenuit, altprov. tenc) 266, agué (= habuit, altprov. ac) 233, fugué (= fuit, altprov. fo, fon, foc) 227.

**Auvergne**[1]) (Le livre de Ruth en hébreu et en patois auvergnat in Mél.[2])
veguet 103. venguet 103, aguet 109, fonguet 109.

**Rouergue** (dép. de l'Aveyron) Aymeric, dialecte rouergat, Halle 1879. fet, fec (altprov. fetz), foget, foscet (= fecit) 36, ogét 33, fugét 33. Vgl. auch H. Affre, Documents sur le langage de Rodez et le langage de Millau du XII$^e$ au XVI$^e$ siècle in Revue des langues rom. 3$^e$ série tome 1$^{er}$ 1879: fo (Urkunden von 1192 und 1204), fouc (= fuit, Urk. von 1504), foro (Urk. von 1254 und 1553). In den Urkunden von Millau finden sich: venc, fo, foro (Urk. von 1286), fouc (Urk. von 1442); fouc, foron, venc (Urk. von 1501), ac (Urk. von 1506).

---

[1]) Vgl. auch Doniol, Les patois de la Basse-Auvergne, Montpellier 1874, p. 45; und Malval, Etude des dialectes romans ou patois de la Basse-Auvergne, Clermont-Ferrand 1878, p. 29 und 78.

[2]) Mél = Mélanges sur les langues, dialectes et patois; renfermant, entre autres, une collection de versions de la parabole de l'Enfant prodigue en cent idiomes ou patois différens presque tous de France, précédés d'un essai d'un travail sur la géographie de la langue française. Paris 1831.

**Dép. de la Lozère:** Mél. 515.
veguet 20, fouguet 20, venguet 20, revenguet 25, vouguét
(= altprov. volc) 28, aguet 14.

**Dép. de l'Ardèche:** Mél. 515.
végué 20, fugué 25, vengué 14, revengué 25, agué 14.

**Dép. de la Loire** (P. Gras, Dictionnaire du patois forízien, Lyon 1863). Im südwestlichen Theil des dép. sind gebräuchlich: vegué, courigué, fugué, agué (patois d'Usson), weiter vinguéron p. 219 (patois de Jonzieu).

**Dép. de la Drôme:** Mél. 529.
pat. de Valence: véguet 20, vinguet 20, aguet 11.
pat. de Nyons (Mél. 530) vingué 20, survengué 14, agué 14, fugué 14.
pat. du Buis (Mél. 531) vengué 14, agué 14.
pat. de Die (Mél. 532) oguè 14 (= habuit), vénguè 20, survénguè 14, vouguè 28, fuguè 16, végué 20.

**Dép. des Hautes-Alpes.**
pat. de Gap. (Mél. 533) aguec und aguet 14, fouguec 25.
pat. de la vallée du Queyraz, arrond de Briançon (Histoire, antiquités, usages, dialectes des Hautes-Alpes, Paris 1826) agué 168, vingué 168, revengué 169.
pat. embrunais[1]) (Histoire etc. des Hautes-Alpes) aguek 174, reveinguek 176, veinguek 176, vegué 176, fouguek 178.

Unser Fragment gehört also keiner der eben besprochenen Mundarten an. Was nun das nordfranz. Sprachgebiet anlangt, so ist es hier zunächst ein Kriterium, auf Grund dessen eine Reihe nordfranz. Sprachgebiete sich sofort eliminiren lässt. Dies Kriterium ist das perf. der a Conjug., im A. Fr. = et in Analogiebildung an die 2. schwache Conjug. Jeder Dialekt oder patois nun, der in gleichzeitigen oder späteren Texten im perf. das gemein nordfranz. a zeigt, ist ohne Weiteres auszuschliessen, da eine Rückbildung von et zu a (avit) auf dem Boden Frankreichs nicht wohl denkbar ist. Man könnte einwenden, irgend einer der hier in Betracht kommenden (der franz.-prov. Sprachgrenze benachbarten) Dialekte mit dem perf. auf a könnte doch ursprünglich et gehabt, aber durch Einwirkung des nordfranz.

---

[1]) Vgl. auch Chabraud et Rochas d'Aiglun, Patois des Alpes Cottiennes, p. 157 ff.

Idioms dieses „et" später aufgegeben und dafür das franz. Perf. auf a angenommen haben. Doch dieser Einwand verliert an Bedeutung, sobald sich nachweisen lässt, dass in den betreffenden Dialekten schon im 12. und 13. jh. das Perf. auf a gelautet hat und in heutiger Zeit a auf die erste Conjug. beschränkt erscheint. Beruhte a auf Substitution für et, so wäre z. B. neben ama für amet auch ein venda für vendet etc. zu erwarten. Dergleichen jedoch findet sich nicht. Ein Fehlschuss ist hier um so weniger möglich, wenn sich a in Perf. der a Conjug. in Denkmälern der franz.-prov. Sprachgrenze naher Dialekte nachweisen lässt, die heute et (it) dafür zeigen, sei es, dass hier ait (it 4. Conjug.) die Uebergangsform gewesen ist (oder Analogisirung stattgefunden hat), sei es, dass „et" ein Provenzalismus ist, wonach die umgekehrte Substitution, Einwirkung der prov. Perfectform auf das franz. Sprachgebiet stattgefunden hätte.[1])

Von dem französischen Sprachgebiet scheidet nun aus zunächst **Poitou**, weil ohne Spur eines Perf. der a Conjug. auf —et im 13. jh., vgl. Boucherie, le dialecte poitevin au XIII<sup>e</sup> siècle, p. 256. Ein weiterer Beweis gegen das Poitevinische ist —our des A. Fr. für lat. or (Boucherie, p. XIII, No. 6); die von Boucherie edirten Sermons und Urkunden zeigen stets noch o, niemals ou, daher sind enperatour, losengetour, lour etc. gegen poitevinische Abfassung unseres Fragmentes beweisend. Auch die poitev. Perfectbildung des sonst stammbetonten Perf. auf —gui, auf Grund deren sich die südfranz. Mundarten ausscheiden liessen, und welche sich in

---

[1]) So findet sich et (it) in dem heutigen Patois von **Poitou** (vgl. Favre, Glossaire du Poitou etc., p. LXIV j'allis — ll'allit), **Berry** (Jaubert, Glossaire du Centre I, 538 Anm. il tombit, il changit, il s'en allit), **Nivernais** (Chambure, Glossaire du Morvan, p. 40, rouâgé und rouaizé = il remua), **Burgund** (Noei Borgignon de Gui Barôzai (Lamonnaye), Dijon 1776, p. 124 ali = ilalla), **Franche-Comté** (Bélamy, Recueil de noels anciens au patois des Besançon 3<sup>e</sup> id. I, 31 mainget, s'aicriet; caichit s'aicrepit, II, 170 accouchet, 195 s'ecriet, 196 plantet, laisset, baillet etc.). **Lothringen** (Adam, Les patois lorrains, Belege für einzelne Orte p. 174 f. wie tchanté, fimé etc). Es ist hier nicht der Ort, eine Erklärung dieser auffallenden Entwickelung zu versuchen, nur sei darauf hingewiesen, dass die Nähe des südfranz. Idioms mit seinen numerisch so zahlreichen —et (it) Perfecten (in den schwachen Conjug.) grade in Grenzdistricten die Herausbildung franz. et (it) Perfecta wohl begünstigen konnte.

Poitou bis heutigen Tages verfolgen lässt (vgl. Boucherie, VII und XII, No. 5, und Favre, Glossaire du Poitou, de la Saintonge et de l'Aunis, Niort 1868, p. LXV lle courguit (klass. prov. correc), LXVII voguit (= volc) scheidet das A. Fr. von Poitou.

**Berry, Nivernais und das Centrum Frankreichs.** Auch hier wird im 13. jh. das Perf. der a Conjug. auf a gelautet haben, wenngleich vor der Hand sich keine Belege beibringen lassen, da alte Texte noch nicht nachgewiesen sind. Der westliche Theil von Berry kommt weiterhin auch deswegen nicht in Betracht, weil die Perfectbildung auf —gui hier heimisch ist (vgl. Boucherie p. 267 j'augus, t'augus, il oguit (= habuit), und Jaubert, Glossaire du centre de la France I, 109). Ueberdies zeigt weder der Dialekt von Berry, so wie er in dem Glossaire von Jaubert dargestellt ist, noch der von Nivernais, speciell von Morvan (Glossaire du Morvan par E. de Chambure, Paris und Autun 1878, insbes. p. 1—54) irgend eine Spur des im A. Fr. von Ascoli nachgewiesenen franco-prov. Kriteriums (Arch. glott. ital. III, p. 112 Anm.), andererseits lässt das Fehlen der oben unter d zusammengestellten Specifica des A. Fr. diese Districte gar nicht in Frage kommen.[1])

**Burgund.** Für den nördlichen Theil des Dép. de la Saône-et-Loire bietet a im Perf. der a Conjug. das Cartulaire de l'évêché d'Autun, publ. par A. de Charmasse, Autun und Paris 1880: bailla, livra p. 211 (Urkunde von 1294), representa 214 (Urk. von 1289), renonça 220, trenzporta, rennonça 221 (Urk. von 1294). Burgundisch ist sodann das von P. Meyer, Rom. VI, p. 1 ff. publicirte Manuscrit bourguignon, welches aus Semur (wie P. Meyer darthut, Semur im Dép. de la Côte-d'or) ist und vom Anfang des 14. jh. (p. 1) datirt. Darin finden sich folgende Perfecta: 1. in Les deux Chevaliers (p. 28—35): demora 30, plora 32, leva 32, porta 33. 34, angendra 33, mena 34, trova 35, usa 35. Dazu començai = commença, dafür beweisend, dass a und a + Nachlaut i im Perf. schwankten (vgl. Rom. VI, p. 43, No. 14).

---

[1]) Vgl. Raynal, Hist. de Berry depuis les temps les plus anciens jusqu'en 1789, Bourges 1844—45; die Urkunden vom Ende des 15. und aus dem 16. jh. haben Perf. auf a, z. B. III, 550 commanda.

Patois du Canton de Champlitte (arrond. de Gray, dép. de la Haute-Saône) bietet noch heute im Perf. durchweg die Schreibung ai; vgl. Mél. 480: pataigeai, raimassai, allai, dissipai, commençai, enviai, levai, aippellai, demandai. In diesem ai, heute = ę also monophthongisch, haben wir a + Nachlaut i, dessen Aussprache ursprünglich diphthongisch war und so wohl noch im 14. jh. lautete (vgl. Zemlin, der Nachlaut i in den Dialekten Nord- und Ostfrankreichs, p. 31). Demnach kann auch in Burgund das A. Fr. nicht entstanden sein.

**Dép. de la Haute-Marne.** Der Dialekt des nördlichen Theiles wird repräsentirt durch die Sprache von Joinville. Dass auch hier unser Fragment nicht entstanden sein kann, zeigen die von Nat. de Wailly, Mém. sur la langue de Joinville, Paris 1868, p. 143 citirten perf. der a Conjug.: apourta, aumosna, dona, donna, pria, prova, regarda.

Für den südlichen Theil dieses Dép. besitzen wir Urkunden aus Langres, Bibl. de l'Ecole des Chartes t. 3, 6ᵉ série E quater p. 562 (vom Jahr 1262) und L, p. 575 (1260). Seite 577 findet sich dena = donna; im Uebrigen ist der Sprachcharakter nicht wesentlich verschieden von dem der Urk. aus Joinville, die an demselben Orte gedruckt sind. Also auch das Dép. de la Haute-Marne kommt für die Heimath des A. Fr. nicht in Betracht.

**Dép. de la Meuse.** Wenngleich wir auch hier für das 12. und 13. jh. ein perf. auf a voraussetzen dürfen, so lässt es sich doch wegen Mangels an derzeitigen Texten jener Gegend nicht erweisen. Allein mittels eines anderen Kriteriums, welches das A. Fr. darbietet, ist dieses Dép., und wie sich zeigen wird, sind auch die übrigen Dép. Nordfrankreichs von der Concurrenz um das A. Fr. ausgeschlossen. Dies ist das Verhalten des A. Fr. zu ursprünglichem germ. w. Auch bezüglich dieses Lautes findet der Satz Anwendung, dass die Sprache des A. Fr. nur in einer Gegend gesucht werden kann, deren Mundart keine Lautentwickelung darbietet, welche eine ältere oder ursprünglichere Sprachstufe als die des A. Fr. repräsentirt. Zeigt sich in irgend einem patois eine solche ursprünglichere Lautform, so ist derselbe ohne Weiteres auszuschliessen. Eine solche Lautform ist aber germ. w gegenüber der Umbildung dieses w zu g im A. Fr. (agayt 93 (= ahd. wahta), regart 59. 79). Neuere Dialekte und patois daher mit erhaltenem germ. w haben keinen Anspruch auf das A. Fr. Auf Grund dieses Kriteriums scheidet in der That die Mundart des Dép. de la Meuse aus. Patois de Bar-le-Duc, vgl. Cordier, Vocab. des mots patois en usage dans le dép. de la Meuse, Paris 1833: ouaiter (und rouaïter) = regarder (ou = w), vôsse = guêpe, ouaire - - guère (daneben gaire).

Das Nachbargebiet (Champagne), den Nordwesten (Hennegau), das wallonische Gebiet, sowie die nördlichsten Territorien, wo Ascoli noch Spuren seines francoprov. Charakteristikums gefunden hat (dép. des Ardennes, dép. du Nord, dép. du Pas de Calais), zu betreten, sind wir darum überhoben, weil sich dort die Menge der Abweichungen von der Sprache des A. Fr. (französ. Conjug.-System, germ. w = w) häuft; ein Blick in die betreffenden Uebertragungen der parabole de l'Enfant prodigue, Mél. 462—70, wird auch Jeden hiervon leicht überzeugen.

Wir sind somit im Osten Frankreichs wesentlich auf die franco-prov. Zone Ascoli's verwiesen bei dem Versuch, die im A. Fr. vorliegende Sprache zu localisiren. Allein diese Zone erstreckt sich für die von Ascoli durchgeführte Lauterscheinung von dem nördlichen Theil der Dauphiné bis nach Lothringen und umfasst den grösseren Theil der Dauphiné (dép. de l'Isère), des Lyonnais, des Dép. de l'Ain, ferner die Dép. du Jura, du Doubs, de la Haute-Saône, des Vosges; weiterhin gehört zu dieser Zone der grösste Theil der franz. Schweiz, Savoyen, die Dialekte der val d'Aosta und val Soana (vgl. Arch. glott. ital. III, p. 61 f). Es gilt nun, hier ein engeres Gebiet ausfindig zu machen, dessen Sprache der des A. Fr. am meisten entspricht. Auch hier lassen sich auf Grund der bisher angewandten Kriterien noch weitere Gebiete ausscheiden, zunächst **Lothringen.**

**Dép. de la Moselle.** Patois de Metz, vgl. Lothring. Psalter. Altfranz. Uebersetzung des 14. jh. zum 1. Mal herausg. von Fr. Apfelstedt, Heilbronn 1881. § 126; „Perf. Ind. in der ersten schwachen Conjug. nur belegt in der 3. sing.

in —ait" ¹) . . . ferner germ. w: warde 2 (= il garde), wardeit 2, rewardeir 17, warrieir 177 (= guerrier) etc. Vgl. auch § 108.

Germ. w. auch im Vocabulaire Austrasien pour servir à l'intelligence des preuves de l'histoire de Metz, des lois et atours de la ville etc. Metz 1773: wages, waiges (= gages), 143, werre 144, waignier 144, woigner 146, wairier 144, warrier (= guerroyer) 144, wareutir 144, warde 144.²) Pat. d'Ouville (Canton de Gorze), vgl. Mél. 471 oidaye (= garder).³) Pat. de Remilly (Canton de Pange), vgl. Rolland, Vocab. du patois du pays Messin, Rom. II, 437 ff., p. 453 uä (= guères), uät' (= garde), uédë (= garder), uèjë (= gager), uèñë (= gagner), uép' (= guêpe), uèté (= gâteau), uèzõ (= gazon).

**Dép. de la Meurthe.**⁴) Vgl. Adam, Les patois Lorrains, Nancy und Paris 1881. Pat. de Laloeuf 229 vouégni; Pat. de Battigny 229 und 30 oigni (= gagner), voidé (= garder); pat. de Anthélupt 329, diéni (= gagner); pat. de Hoéville 329 diegni; pat. de Chatel 330 und 333 voidiet ( garder), vouéce (= guêpe); pat. de Vomécourt 330 vodiè; pat. de Landremont 330 und 333 ouèdier, ouèder (= garder), ouépe; pat. de Art-sur-Meurthe 330 oidjé; pat. de Lay-Saint-Remy 334 vôsse (= guêpe); pat. de Port-sur-Seille 330 ouéder; pat. de Bouillonville 330 ouâder⁵);

**Dép. des Vosges,** Adam, Les Patois Lorrains.
Pat. de la Bresse 333 vehhpère (= guêpe); pat. de Ventron 330 vouada; pat. de Champdray 330 veudet

---

¹) Vgl. weiter unten die Anm. zu Dép. des Vosges, Dompaire.
²) Vgl. auch Lorrain, Glossaire du patois Messin, Nancy 1876, p. 62 „W".
³) Daneben gaige und gaiges, wo man w oder ou erwartete. Diese Form mit g findet sich auch anderwärts, wo germ. w nicht zu g weitergebildet ist, durch franz. Einfluss.
⁴) Vgl. zu folgenden Orten die beigegebene Karte in Adam, Les Patois Lorrains.
⁵) Vgl. auch Oberlin, Essay sur le patois lorrain des environs du Comté du Ban de la Roche p. 268 vouaydier, (panre) vouaydie, ouâ (= guère). In gouaigi 267 ist ou = w und g durch franz. Einwirkung. Vgl. ferner für den Patois der Umgegend von Luneville: Louis Jouve, Recueil nouveau de vieux noëls inédits etc. ouéte (= garde), ouéguè (= garder).

(= garder); pat. de Tholy 291 und 92 vortè (= guetter), vozon (= gazon), vranti (= garantir); pat. de Haillainville 333 vôse (== guêpe); pat. de Dompaire 334 vausse.[1])

**Elsass.** Patois de Giromagny Mél. 476. Perf. der a Conjug.: mingea, quemonça, leva etc.; voigea (= garder); pat. d'Altkirch Mél. 475: voigeai; pat. de Gérardmer,[2]) Mél. 474: vadjet; vgl. auch voua (= guère) in Louis Jouve, Rec. nouveau de vieux noëls inédits en patois de la Meurthe et des Vosges.

**Franche-Comté.** Der Patois de Champagney (arroud. de Lure) im östlichen Theil des dép. de la Haute-Saône, hat ebenfalls germ. w erhalten. Mél. 477 vogea (= garder); vgl. auch V. Poulet, Essay d'un vocabulaire étym. du pat. de Plancher-les-Mines (arrond. de Champagney) p. 188 vêpre (= guêpe), 189 vodja.

Patois de Montbéliard. (Nordosten des Dép. du Doubs.) Etude sur le droit municipal au XIII⁰ et au XIV⁰ siècle en Fr.-Comté et en partic. à Montbél. par A. Tutey (Montbél. 1865) bietet p. 265 die 3 sing. perf. der a Conjug. pronuncai und getai (Urkunde von 1339), vgl. dazu p. 36,

---

[1]) Für den westlichen Theil Lothringens (die westlichen Districte der dép. des Vosges und de la Meurthe) bestimmt durch die Orte Pont-à-Mousson, Toul, Neuf-Château, Mirecourt, Darney, vgl. Bonnardot, Rom. I, p. 328 ff. Document en patois lorrain, relatif à la guerre entre le comte de Bar et le Duc de Lorraine (1337—1338) p. 335, § 4: Le w germanique reste au commencement des mots: warder, wares, wairt, waigier, waiget, waigiei, Warin, warnezon, Wautiers ...; p. 338. Au parfait de la 1ʳᵉ conjug. on rencontre plusieurs désinences concurrentes: ait, at, et ... je me bornerai à poser comme règle que, pour ce temps, la désinence normale du dialecte lorrain est „ai", prononcé à l'origine „âi". Cette notation n'est pas représentée ici, sinon par a, témoin d'une époque où la valeur intensive de la diphthonque avait fait tomber la seconde voyelle au profit de la première. Plus tard „ai" perdit sa valeur originelle et ne fut plus que ce qu'il est aujourd'hui, une voyelle composée ayant è pour homophone. Ainsi, âit, at, ait, et pour la 3ᵉ pers. sing., âirent, arent, airent, erent, pour a 3ᵉ p. plur., telle est la dérivation logique et telle fut la succession chronologique. Notre texte ne connaît plus que les trois dernières notations; en voici des exemples disposés suivant l'ordre dans lequel ils se présentent au lecteur: „enmenet, copat, waiget, comandait, rachetait; tuerent, coparent, brizairent, deffroxairent, empourtairent, emmonairent, brisarent."

[2]) Vgl. p. 36, Anm. 3.

Anm. 4; germ. w noch heute erhalten. Vgl. Contejean, Glossaire du pat. de Montbél. in Mém. de la Soc. d'Emul. de Montbél. 2e sér. 4e vol., Poitiers 1875, vadje (= garde) 418, vandelai (= wandeln) 419, vodjai 421, vouiepre, vouêpre (= guêpe) 423.[1]) Patois de Besançon, vgl. Castan, Jean Prioraz de Besançon, poète français de la fin du XIII<sup>e</sup> siècle in Bibl. de l'Ec. des Chartes t. XXXVI p. 124—138. Der da gegebene Auszug aus des Prioraz metrischer Uebersetzung der epitome rei militaris des Vegetius enthält folgende perf. der a Conjug.: dona 137<sup>b</sup> garda 137<sup>b</sup>; 3. plur. 134<sup>b</sup> prisarent, amarent, donarent, estudiarent, 136<sup>b</sup> sugarent (welche in der 3. pers. sing. a und nicht et voraussetzen).[2]) Vgl. dazu Apfelstedt, Lothr. Psalt. § 18, wo von der Anfügung eines parasitischen i an a in den Endungen des perf. der 1. schwachen Conjug. und des Fut. die Rede ist: „Im Ysopet wird ebenso häufig ai als a geschrieben ... dasselbe gilt für Vegetius, wo im Reim meistens a geschrieben wird." ... Wir sehen also, dass das A. Fr. mit der Sprache von Besançon nichts zu thun hat, und Alberich, der Verfasser dieser fragmentarischen Alexander-Dichtung, also nicht in der Sprache von Besançon geschrieben haben kann.

Patois de Pontarlier (Südöstlicher Theil des Dép. du Doubs), vgl. Max Buchon, Noëls et Chants populaires de la Franche-Comté, Salins 1863. Das Perf.

---

[1]) Der heutige Patois von Montbéliard zeigt das perf. der a Conj. auf —it; vgl. Contejean: maindjit 294, montit 444 etc. Neben erhaltenem germ. w auch franz. Formen mit g: gaidjai 329 (= garder), gaidge 329 (garde), gaidge 329 (= gage), gaidgier 329 (= gager), gaignie 329 (= gagner). Vgl. auch Recueil de quelques poésies en patois des environs de Montbéliard. Montbél. (Vorrede 1864): voiri 54 (= guérir), voidjaie 66 (= garder); ein dj zeigt sich für urspr. w in diaidges 66 (= gages), endiaidge 68, diaignie 62 (= gagner); jedenfalls also w nicht zu g.

[2]) Die Mél. 481 mitgetheilte Version der parabole de l'Enfant prodigue en patois de Besançon zeigt im perf. 4 mal —et und 6 mal —ait:
  et: dissipet 13, coumencet 14, jettet 20, demandet 26.
  ait: ollait 13. 15, attaichait 15, envoyait 15, levait 20, aippelait 26,

der 1. schwach. Conjug. ist weiter entwickelt zu o: p. 98: fourro, bourro, ollo, p. 99: cudo, dèsojusto, tsarso. Vgl. auch Les Patois des Fourgs (arrond. de Pontarlier) par M. Tissot in Mém. de la soc. d'Emul. du Doubs 3e sér. 9° vol. 1864, Besançon 1865, p. 203, perf. 3. sg.: I tsantot. Hier zeigt sich auch germ. w erhalten wadai 370 (= garder), warou 370 (= guerre), wépot 371 (= guêpe), wèri 371 (= guérir), wéti 371 (= regarder), winnai 371 (= weinen), wodzi 371 (= gager).
Patois du Haut-Jura (dép. du Jura), vgl. Buchon l. c. Das Perf. der a Conj. lautet auf a: meubla 107, monta, pensa, bailla 108, trouva 109. 110. 112, oppouta, quemença, appouta (4 mal), amena 109; tera farma, rebucha, ètsappa, ausa, alla 110; demoura, s'accouda 111, mena, requemença, retrouva, remena 112. Für den südöstlichen Theil des Dép. du Jura habe ich eine kleine Urkundensammlung in der Abschrift des Archivisten des Dép. du Jura, Herrn Vaissière, benützen können; sie ist betitelt: „Le livre des vassaux de l'abbaye de St. Claude (1307—1315)." p. 30 der Abschrift: la tour de May que Messires li abbes Guis li dona par raison de demore (inf.) a lue ... Also die 3. sg. perf. der a Conj. lautet ebenfalls auf a.

Auf Grund unserer beiden Kriterien scheiden auch sämmtliche Patois der franz. Schweiz aus. Die Beispiele entnehme ich den Versionen der Parab. de l'Enf. prod., wie sie sich in Mél. finden und in Brid. = Glossaire du patois de la Suisse romande par le doyen Bridel avec un appendice comprenant une série de traductions de la parabole de l'Enfant prodigue etc. (Mém. et doc. publ. par la Soc. d'hist. de la Suisse rom. T. XXI) Lausanne 1866. Vollständig gebe ich die Beispiele nur unter 1. und 2., im übrigen nur zwei, da dieselben meist immer wiederkehren.

**Canton de Genève,** Pat. de Genève (Mél. 540) ramassa, moda, dissipa, bouta, baisa appella.
**Canton de Vaud,** Pat. d'Ormont-Dessus (Brid. 440): partatza, alla, rimpleya, queminça, buëta,

envoya, reintra, dzetta, bésa, eintreva, corroça.
**Canton de Vaud,** Pat. de Montreux (Mél. 542) partadja, alla.
„ - Commugny près Coppet (Brid. 459) anvouya.
„ - Château-d'Oex (Brid. 443) alla, leva.
„ - St.-Cierge (Brid. 451) partadza, alla.
„ - Orbe (Brid. 455) arreva, alla.
„ - Vallorbes, distr. d'Orbe (Brid. 464) partadza, alla.
„ - Jorat, le mont sur Lausanne (Brid. 453) partadza.
„ - St.-Croix, distr. de Grandson (Brid. 466) partadza, alla.
„ - Marchissy, distr. d'Aubonne (Brid. 456) partadza, alla.
„ - Gryon (Brid. 438) alla, trova.
**Canton de Valais,** Pat. de St. Luc. (Brid. 431) alla, appela.
„ - Evoléna, vallée d'Hérens (Brid. 433) alla appela.
„ - Vétroz (Bas Valais) (Brid. 435) arrevo.
„ - Sembrancher, val d'Entremont (Brid. 437) allo arrovo, aber a: baisa, commença, gallopa, zetta, commeincha.
**Canton de Fribourg,** Pat. de Gruyères (Mél. 543) partadza, leva.
„ - Estavayer (Brid. 449) queminça.
**Canton de Neufchâtel,**[1]) Pat. du Locle (Brid. 468) pouatadgea, s'analla.
„ - Valangin (Brid. 470) bailla, suta.
**Jura bernois,** Pat. de Val St. Imier (Brid. 472) partadja, alla.
„ - Tavannes (Brid. 474) leva, tschampa.
**Canton de Berne,** Pat. de Bienne (Mél. 536) alla, eiveya.
„ - La Montagne de Diesse (Mél. 537) retira, alla.
„ - Courtelary (Mél. 538) alla, attacha.

---

[1]) Für die Mundarten des Cantons Neufchâtel constatirt auch Haefelin, die rom. Mundarten dar Südwestschweiz, Berlin 1874, p. 95, das perf. auf a: canta (in Linguières, Dombresson und La Sagne).

**Canton de Berne,** Pat. de Moutier-Granval (Mél. 539) hat im perf. der a Conj. —et, aber germ. w erhalten: voirdâ (= garder).

„ - Délémont (Mel. 535) hat ebenfalls et, aber vardé (= garder).

**Valsoana** (Arch. glott. ital. III, 33) germ. w erhalten: varir (= guérir), vañer, avañer (= gagner), avájt (vgl. A. Fr. agayt) und avajtjér. Daneben guant, guera, ghićér, ghićét (von anord. vik, ags. vic = Schlupfwinkel, fr. guichet, vgl. Diez Wb.)

Für die Mundart val d'Aosta stand mir kein Text zu Gebote.

Nachdem wir so für alle vorstehenden Gebiete gezeigt haben, dass deren Mundarten keine Identification mit der Sprache des A. Fr. gestatten, beschränkt sich der Heimathsbezirk unseres Fragments auf das dép. de l'Ain, Lyonnais (dép. du Rhône und theilweise dép. de la Loire), die Dauphiné und die angrenzenden, sprachlich zu ihr gehörigen Gebiete.

Die geographische Lage und die politische Vergangenheit dieser Gebiete[1]) deutet auf eine sprachliche Zusammengehörigkeit dieser Gegenden. Auf dieselbe weist schon Schnackenburg,

---

[1]) Alle 3 Landschaften, Lyonnais, la Bresse, die Dauphiné treffen zusammen an der Biegung des Rhône, wo als Centralpunkt Lyon liegt. 843 im Vertrag zu Verdun kam alles Land östlich vom Rhône zu dem Reiche Lothars und war gegen Frankreich abgegrenzt durch den Rhône und Saône. Schon 986 aber gehörte Lyonnais auf dem rechten Ufer des Rhône und Saône zum burgundischen Reich (vgl. Pierre Boṇnassieux, Bibl. de l'Ecole des Chartes XXXV, p. 60). Mit dem burgundischen Reich kamen diese Gebiete 1033 an Deutschland (Konrad II). Soweit überhaupt von einer politischen Einheit in der Zeit der Herrschaft des Feudalwesens und bei dem sehr lockeren Verhältniss der reichsunmittelbaren Fürsten zum deutschen Reich gesprochen werden kann, waren diese Gebiete bis etwa zur Mitte des 14. jh. mit Deutschland vereint. Gemeinsame Interessen nach aussen gaben denselben bei aller Zersplitterung im Innern und Einzelnen doch eine gewisse Einheit. Vgl. darüber Clerjon, Histoire de Lyon II, 398, wo diese Gebiete zusammen genannt werden: „Ce fut alors (1035—1036) que tous les autres petits seigneurs ou souverains qui s'étaient établis dans la Savoie, la Bresse, la Dauphiné et le Lyonnais, se firent feudataires de l'empire pour assurer leurs usurpations et exercer leurs rapines réciproques sous le nom d'un roi, qui les protégeait." Dies und der wechselseitige, rege Verkehr, der trotz aller Zwistigkeiten um ein

Tableau synoptique et comparatif des idiomes populaires ou patois de la France, Berlin 1840, p. 40 hin: „Le dialecte lyonnais est le produit de la rencontre des dialectes plus doux du nord, comme p. ex. du Bourguignon, avec les dialectes méridionaux. Il comprend les deux rives du Rhône dans l'ancienne province de Lyonnais, c'est-à-dire le dép. du Rhône et outre cela le dép. l'Ain, ou les anciens pays de Bresse et de Bugey et une partie de celui de Saône-et-Loire." Für diesen Sprachbezirk besitzen wir erfreulicher Weise ein verhältnissmässig ausgedehntes und altes Sprachdenkmal an den Schriften der Marguerite d'Oyn prieure de Pelotens. Daneben lassen sich ausser einem kurzen Document vom Jahre 1275 (vgl. unten) Textproben aus der zweiten Hälfte des 16. jh. im Dialekt von Grénoble benützen, welche trotz der immerhin nicht unbedeutenden localen Differenz dennoch die grosse Verwandtschaft der Mundarten von Lyonnais und der Dauphiné darthun. Die Zugehörigkeit der Mundarten des Dép. de l'Ain zu diesem Sprachgebiete wird sich dabei noch aus Texten des 19. jh. erweisen lassen, welche wir bei den die Sprache dieser Gegenden hauptsächlich charakterisirenden Lautvorgängen heranziehen werden. Die Wichtigkeit, welche dieses Sprachgebiet für die behandelte Frage hat, macht eine eingehende Darlegung der Laut- und Formenbeschaffenheit dieser Denkmäler nöthig. Diese Darstellung darf sich allerdings nur auf die Laut- und Flexionsvorgänge erstrecken, die im A. Fr. belegt sind; sie folgt in nachstehendem 3. Theile, in welchem ausser den noch näher zu bezeichnenden Schriften der Marguerite d'Oyn folgende Texte zur Vergleichung verwerthet sind:

On. = Onofrio, Essai d'un glossaire des patois du Lyonnais, Forez et Beaujolais. Lyon 1864.

Dauph. = Lapaume, Recueil de Poésies en patois du Dauphiné. Grénoble 1878.[1])

---

Centrum, wie Lyon, herrschen musste, machen es begreiflich, dass die Mundarten dieser Landstriche im Ganzen dieselbe Entwickelung nahmen und grosse Uebereinstimmung zeigen.

[1]) Die aus p. 1—156 entnommenen Beispiele gehören Dichtungen des Laurent von Briançon an, die etwa 1560 verfasst wurden, vgl. Lapaume, p. 434. Beispiele aus dem Folgenden entstammen späterer Zeit.

Ol. =- Ollivier, Essai sur l'origine et la formation des idiomes vulgaires du Dauphiné. Valence 1836, p. 13—15, Testament de Guigues Aleman, seigneur d'Uriage (1275).

Bress. =- Philibert le Duc, Chansons et lettres patoises Bressanes, Bugeysiennes et Dombistes. Bourg-en-Bresse 1881.

Forez. -- P. Gras, Dictionnaire du patois forézien. Lyon 1863.

# III.

Die Werke der **Marguerite d'Oyn** wurden insgesammt edirt von E. **Philippon**, Oeuvres de Marguerite d'Oyngt, prieure de Poleteins avec une introduction de M. L. Guigue. Lyon 1877.[1]) (Vgl. die Besprechungen dieser Ausgabe von P. Meyer, Rom. VII, p. 142—144, und von Cornu, Zeitschr. II, 605 ff.) Ihre Werke in romanischer Sprache, die hier nur in Betracht kommen, sind folgende:

1. Speculum Sante Margarete Virginis, priorisse de Poleteins, p. 35—48.
2. La via Seiti Beatrix, virgine de Ornaciu, p. 49—76 in 9 cap.
3. Folgen von p. 76—90 6 Brieffragmente, von denen das erste sprachlich und inhaltlich noch zu der Lebensbeschreibung der heiligen Beatrix gehört (daher wohl Guigue, Einl. p. 27 und 30 nur von „cinq lettres" spricht).
4. p. 90—93 noch 3 Paragraphen von einer frommen Hand zum Beweise der Heiligkeit der Priorin hinzugefügt (vgl. Einl. p. 30).

An sicheren Daten über das Leben der Marguerite, welche für die Abfassung ihrer Schriften in Betracht kommen, weist M. Guigue nach, dass sie 1286 bereits religieuse, 1288 bereits

---

[1]) Auszüge daraus finden sich bereits bei Champollion-Figeac, Nouvelles recherches sur les patois ou idiomes vulgaires de la France et en particulier sur ceux du dép. de l'Isère. Paris 1809, p. 160—164, und in der Hist. litt. de la France t. XX von Victor le Clerc, ferner in Essai sur l'origine et la formation des dialectes vulgaires du Dauphiné par M. Ollivier, Valence 1836, p. 17—18.

Anmerkung. Die vielfachen Textberichtigungen, welche Cornu in seiner Recension dieser Edition gab, sind in folgendem benutzt worden.

Priorin von Peloteins war. Ueber ihren Tod findet sich p. 48 am Ende des speculum von fremder Hand die Notiz, dass sie im Jahre 1310 starb.

Die Heimath Margarethens waren die Besitzungen der Familie d'Oingt, südwestlich von Villefranche, nördlich von Lyon gelegen (noch heute daselbst bois d'Oingt); das Kloster Peloteins, wo Margarethe Priorin war, lag in der Gegend von Miribel (vgl. Einl. 11), also in der südwestlichen Ecke des dép. de l'Ain, ein wenig nordwärts von Lyon. Der Dialekt Margarethens wird also im Wesentlichen der sein, welcher in der Gegend des Rhôneknies (wo Lyonnais, dép. de l'Ain und die Dauphiné zusammenstossen) gesprochen wurde.

Ueber das Manuscript vgl. Einl. p. XXVII. Darnach stammt die Handschrift dem Anschein nach aus dem ersten Viertel des 14. jh. Sie befindet sich auf der öffentlichen Bibliothek zu Grénoble, wohin sie aus der Grande-Chartreuse kam. Die Note p. 35 vor dem speculum Sante Margarete besagt, dass die Vision im Jahre 1294 von Marguerite dem Prior der Chartreuse übersandt wurde. Die Copie wird also wohl in der Grande Chartreuse angefertigt sein, d. h. in der Dauphiné, und da sie also nicht lange nach dem Original entstanden sein kann, so dürfte sie dem Werthe eines solchen ziemlich gleich kommen.

Die von Philippon edirten Stücke in romanischer Sprache lassen sich hinsichtlich ihrer sprachlichen Beschaffenheit in 2 Gruppen theilen; die erste umfasst p. 36—78 und die letzten 3 Abschnitte (p. 90—93); die zweite Gruppe die 5 Brieffragmente p. 78—90. Dass wir in den 5 Brieffragmenten nicht dieselbe Sprache vor uns haben, wie in Gruppe I, hat bereits Cornu in seiner Besprechung Zeitschr. II, p. 606 behauptet: „les textes en langue vulgaire, qui ne sont pas tous dans la même langue — les lettres sont en français."

Hauptsächlich unterscheiden sich die 5 Briefe (Gruppe II) von Gruppe I in Folgendem:
1. Gruppe I hat betontes freies a und nachtoniges a (ausser nach Pal.) erhalten.[1]) Gruppe II hat in diesen Fällen e:

---

[1]) Beispiele aus Gruppe I folgen bei der Darstellung der Lautverhältnisse der Gruppe I.

aler 87, amer 88, ordener 79, entrer 87. 88, laver 89, garder 89, passer 88, deviser 84, penser 82. 84; assemble 85, encombrez 79, navrez 80, occupee 83, lave 89, trove 81, conforte 84, tormentes 79, tenpestees 83, mande 78, passee 84; nativite 79, bonte 78, purte 89, mer 86, tel 81, frere 78, pere 78 u. a.

nachtoniges a: escuele 81, tele 81, cele 85, parole 85, cime 86, dame 80, peyne 80, persone 83, none 89, bone 89, une 85, chacune 89, eure 79, oure 79, nostre 80, autre 83, yeve 85, porte 87, ceste 79, tote 82, seconde 86, malade 87, chose 79 etc.

Wenn wir daneben auch häufig betontes a erhalten finden: confortar 85, mandar 83, demandar 85, regardar 84, pensar 83; regarda 86, delava 86; volunta 83, gra 80; frares 81 und nachtoniges a: folia 81, partia 83, acuna 81, neguna 83, terra 86, devota 89, defauta 82, quarta 86, morta 83, fayta 89, garda 83, emenda 79, teysa 87 (= toise [tensa] Klafter), cinquiesma 86 und neben obigen Formen mit e dieselben mit a: parola 80, dama 85, persona 82, bona 90, una 81, eura 84, autra 81, nostra 83, porta 87, chosa 81, so ist dies auf Rechnung des Copisten zu setzen, der bei den gleichen Worten und häufig gleichen Phrasen in beiden Gruppen dieselben so reproducirte, wie sie ihm aus Gruppe I bekannt waren, vielleicht, dass sie ihm vielfach wider Willen in die Feder flossen; oder wie sollte sonst der häufige Wechsel beider Bildungen auf derselben Seite zu erklären sein?

2. Neben dem der Gruppe I eigenthümlichen Auslaut i = a nach pal erscheint e: compagnie 84 (3 mal), montaygne 86 (2 mal), fontayne 89, Tierce 84, place 85 (3 mal), force 89, branche 86, boche 89, yglyese 83.

3. Neben illi (= illa) (14 mal), der in Gruppe I ohne Ausnahme gebrauchten Form erscheint in Gruppe II elle (5 mal) und ele (20 mal).

4. Der Diphthong eu aus o in Gruppe I gar nicht vorhanden, zeigt sich in Gruppe II in eure 79. 84, eura 84, seul 81.

5. Neben zweimaligem bein 87. 90 (= Gruppe I) erscheint viel häufiger bien.

6. Neben ey (ei) (= lat. ē, ĭ), welches in Gruppe I vorzugsweise steht, erscheint meist oy (oi): moy 80, soy 82, soyr 80, croy 80. 81, doyt 80, doie 82, roys 81, roy 81, droyt 88, benoyt 88, benoiz 80, soyt 83 etc.

7. In Gruppe I lauten die Imperfecta der a Conjug. auf avet (evet), die der übrigen Conjug. auf eit (eyt); in Gruppe II ist die Imperfectendung aller Verba oyt (oit, oet): senbloyt 90; donoyt 80; regardoyt 87. 88, aventoyt 88, pensoyt 89. 90, pensoet 88; sallioyt 82, veoit 89, seoit 84, avoyt 81. 82. 83. 84 etc., avoit 84; voloyt 85 (3 mal), metoyt 82, disoyt 88 (3 mal). 89 (2 mal), disoit 89, estoyt 82. 84. 86. 87 (3 mal), estoit 84, estoiet 79. Daneben senblavet 86, aveit 84. 86, aveyt 84. 87. 89.

8. Am deutlichsten scheidet sich die Sprache der Gruppe II von der in Gruppe I durch die 3. sing. perf. der a Conjug. auf —a: priat 87; ordena 88, ensigna 79, esvelia 88, trova 85, leva 86, commença 82. 84, demanda 85, pensa 82. 87, repensa 84, proposa 88; daneben nur 2 mal et, welches in Gruppe I sich ausnahmslos findet: oset 85, preet 89.

Diese Zusammenstellung, die sich noch erweitern liesse, kann genügen, da es nur darauf ankommt, eine Französirung der Sprache der Gruppe II zu constatiren, die aus obigem bereits klar erhellt. Bei der Vergleichung mit der Sprache des A. Fr. berücksichtige ich desshalb nur die Theile, welche die Gruppe I ausmachen.

## A. Die Vocale.[1]

### 1. Unbetonte Vocale.

1. Synkope unbetonter Vocale findet sich als gemein galloromanischer Lautvorgang in M. d'O. unter denselben

---

[1] Die Darstellung des ganzen folgenden Theils correspondirt genau mit der Darstellung der Laut- und Flexionsvorgänge des A. Fr., so dass unter den gleichen Nummern auch immer die gleichen Vorgänge besprochen werden.

Anmerkung. Da die einzelnen Worte in M. d'O. in flexiv. verschiedenen Formen sehr häufig wiederkehren, habe ich eine vollständige Aufzählung der Beispiele nicht angestrebt; jedoch hoffe ich keine für unseren Zweck charakteristische Form übergangen zu haben.

Bedingungen wie im A. Fr.¹) Die bekannten Beispiele noch einmal zusammenzustellen, dürfte überflüssig sein. Neben Worten wie clarta 43. 58, sanda 56 (= sanitatem), bonta 44, deita 37 (= divitatem) lässt erhaltenes i auch hier Lehnworte erkennen: humilita 37, infirmita 45, humanita 37, divinita 43, trinita 46, charita 42, verita 60 u. a. Gegenüber delcad des A. Fr. erscheint hier delyez, deliez 48 (i aus c).

2. In allen anderen Fällen bleiben die Vocale in Vortonsilben wie im A. Fr. als solche erhalten, unter den gleichen Bedingungen; i auch hier zu e.

**a:** alcunes 51, chavalier 90, salut 36; amis 44, amour 68; ancis 73 (A. Fr. anceys), emandar 38; parola 55, clarament 43, perdurablament 46; aval 59, savors 45, chavon 58; matin 37; largiment 51, amenavet 53, damagier 52, . espanchiment 71, chapellan 61. 64, aventura 55, embraciment 51 etc.²)

**e:** Ohne die zahlreichen Beispiele dafür zusammenzustellen, wird es genügen, darauf hinzuweisen, dass M. d'O. wie das A. Fr. nur die Form per 36 etc. kennt; vor n findet sich öfters Wechsel mit i: teneit, teneyt 60, teneant 59, veneant 58 und tineyt 53, tineunt, tineant 59, tiniant 59, convindra 45.

**i:** temors 53, premier 42. 58 (neben primyer 41. 42, primier 68 wie im A. Fr.); senblauz 36, amermer 41 (= adminimare), senz 51. 58, enmis 57, enfermeri 51, entret 54, entreront 58 (daneben intret 54, intrar 71), encontres 75, ensennier 36, menour 59; meteyt 51. 58; veet 63; receu 65 (auch recyut 66); i erhält sich in

---

¹) Schwanken sehen wir bei vray 60, veray 51, verays und verais 60, sogar varay 40. Auch Dauph. vrai 70. 101 und verai 100. — Zwischen muta + n ist nachton. i als e beibehalten in ordenos 73 (= ordinem), ymagena 64. 77. 78; daneben ymagi 46. Im A. Fr. keine Analogie dazu (vgl. Förster, Rom. Stud. IV, 48 f.). Neben parola 55, dyablo 54 ist o gewahrt in espitola 68.

²) Vereinzelt findet sich e für vortoniges a: Neben maneri (8 mal), meneri 66; nur mengier 67, mengirant 41; mireour 46, pecheors 71 (pechiors 72) neben paschaur 71; a zu o getrübt vor folgendem u (aus l oder labial.): pour 51. 53 (= pavorem), einmal paur 68 (= pa|ur); outar 55. 57. 65 (= altare), fouceta 38 (= falsetatem), sout 40 (= sapuisset).

halbgelehrten Bildungen: enviet 42, desviet 75, dyablos 51, miravillous 42, enluminavet 63; recitar 67; vyares 51 (= vicarius). Lehnworte sind: obediens 38, sapienci 45, pretious 39, delicious 40, glorious 40, espacio 55, contio 57, sowie alle Worte auf —ion; ferner vigili 64, figures 52, vicayro 73.

Auch hier fällt i durch Aphaerese in lay 44, lour 45. 58 und in den Artikelformen.

o: dolour 58, volunteyrs 46; sonet 60, bonta 44, recontar 36, monstrar 47, demostret 62. convens 67; tormenz 72; novel 41 u. a. Neben solouz 43. 58. 64 ein selouz 44. 61. i für o in rionda 62 (= rotunda); o zu u bisweilen vor liq. und labial.: cumunier 65 (neben comunier 65); uvrit 40, uvers 78, cuvers 69, cuvertour 69, hubliavet 71. Vereinzelt noch u für o vor s: puyssanci 40 (neben poyssanci 45); cusinyeri 51. In den Formen des verbums posse zeigt sich o und u:

poet 39. 50. 51. 52. 53. 65. 66. puet 37. 38; poit 44. 58; 62. 64, puit 64. 74; 69. 73; 55. 56. 40, poyt 58. 62. 67 und puyt 63. 64. Neben porret 62. 72 einmal pourret 67.

vgl. Ol. cusin 15. Dauph. hat o und ou: voliet 16. 25, dolou 23, solar 30, vola 18, dona 30, tojour 31. 33. — vouliet 28, doulou 23, ploura 17, pourtié 38, toujour 49, countreire 399, glouriou 37. 40, couragio 22 etc.

u: lumeri 40, fumeri 54, durera 41, escuers 74, escuir 75 u. a. Ebenso ü: habundavet 69, mundanes 50, profundament 60, volunteyrs 46, volunta 42, nurit 71; suffrit 43. 60. sure 69 u. oft, sures 71 (= super) u. a., häufiger aber o: agenolierunt 59, doucors 41, ont (= unde) 54. 75, abontar 72, coriront 78, coreyt 52, sorisanz 57, tornar 71, plou 71, sofrir 38, dotar 63, agostaront 45 u. a.

Dauph. hat ou: souven 57, mouchié 15, voutour 18, und o: soven 57, sojet 91, cotel 76 u. a.

3. Die Vocale in Nachtonsilben.

a ist wie im A. Fr. erhalten im sing. der subst. lat.

1. Decl., wenn keine pal. vorangeht: bela 46, parola 55, nulla 45; arma 50; pleyna 38, persona 30, bona 36,

donna 43, una 36, acuna 36, pera 59 (= πέτρα), terra 36, guerra 57, figura 62, autra 54, vostra 36; via 36 (= vita), tota 37, escrita 37, carta 46, testa 52, garda 40, chosa 39, espousa 50, gloriouza 43. Nach Pal. (Voc. und Cons.) erscheint meist i: fili 60, vermeli[1]) 63, compagni 58, graci 36, faci 44, dechauci 52, forci 45, perseveranci 56, semblanci 46, lanci 71, blanchi 37, concienci 38, patienci 38, bochi 40; maneri 37, lumeri 40, materi 46, miseri 37, iri 71 (= iria für ira?), gloyri 52, custodi 55, meloudi 41, misericordi 49, maladi 45. Vereinzelt e: force 54, place 57; dazu viegnet 45 (vgl. A. Fr. teyne), placet 56.

Der plur. aller Nomina, die lat. im sing. auf a ausgehen, ist —es: peynes 39, persones 40, ordures 37, ovres 37, letres 36, totes 38, defautes 38, excriptes 38, ses 38, choses 39; — vermeylles, vermelles 37, menconges 38, roges 39, pages 40, blanches 37 u. a.

In der 3. pers. sing. praes. ind. der a Conj. finden wir a und e: ama 47, revela 47; aber senble 36; regardet 46, retornet 42 mit alterthümlichem et.

Dauph. Auch hier ist a im nom. der lat. a Decl. ausser nach Pal. erhalten: eitela 4, parola 17, cima 2, bona 3, reina 3, una 3, plena 8, dana 9 (= domina), fena 12; terra 3, figura 1, porta 4, tota 43, auta 1, chosa 9. Nach Pal. ebenfalls i: elhy (4 = illa), filli 6, batalli 10, palli 40, vieilli 12, compagni 7, vergogni 22; faci 5, bouchi 12, forci 3, manchi 17, presenci 22, conscienci 24, vituperanci 24; e in aville 31 = apicula.

Im Plur. der nomina lat. 1. Decl. e ohne Plural s: parole 59, eitele 59, ale 83, fene 62, chose 61, force 62, noce 62; marmaille 89, vieille 2, foille 18, montagne 224. Die Participia der a Conj. haben im plur. fem. —ei: fremei 7, parei 82, apportei 6, fardei 82, enragei 68, abusei 62, passei 63; aber empacha 4, resolacié 2 u. a.

---

[1]) Daneben mit a: vermelia 62; a und i wechseln im Auslaut in aygui 74, ayguy 74, aygua 75; boyta 55 und boyti 55 (= buxida).

Die 3. sing. praes. der a Conjug. zeigt e: semble 12, aime 32, dure 37, intre 40, leve 37, toche 77, conte 41, oze 38, passe 13 etc. Bress. Nachtoniges a erhalten; nach pal. e: peurta 43, balla 44, tota 55, corda 32, rossa 32 etc. — feille 43, greille 59, France 51, dimance 177, creyance 38, blance 89, consiince 148 u. a. Vereinzelt e für nachtoniges a: ques (= quam + s) 61 u. oft; enfes 63 (2 mal), encontres 75; dazu tretot 41 (treytot), vgl. die letzten 3 Beispiele auch im A. Fr.

e: Nachtoniges e im Auslaut bleibt wie im A. Fr. nur als Stützvocal: liere 38; dire 37 und fayre 45 (gegenüber dir und fayr im A. Fr.); latinisirende Schreibung liegt wohl vor in vivire 48, trahire 65, wo e hätte fallen müssen. Eine Analogie zu fayr des A. Fr., welches sich, wie auch dir, wohl aus metrischen Gründen erklärt, bietet das Formulaire fort récréatif de tous contracts, donations etc. (vgl. On. XLIX) im neueren Patois du Lyonnais:

Que je vous revendray vair
Ainsi que je dey faire.,

wo der Reim Apocope das e erheischt.

Dauph. hat far 26 (vor Voc. Anlaut) sonst fare. Häufig erscheint ein solches auslautendes e als i: autri 76, atri 58, nostri 61. 62. 64 u. s., vostri 60, als femin. Endung in douci 39. 40. 67 (masc. douz 74), saincti 50 neben den Formen mit a. Den Bildungen nobli und sapi des A. F. entsprechen hier noble 37. 40, und sagi 76. Für solches e treffen wir noch häufiger o : dyablo 51, seglo 39. 47, memo 46, membro 44, numbro 58, livro 36, autro 46, quatro 59 u. oft, fluyvo 42, secho 60, ajo 50, eajo 53, damago 36 u. a.

Dauph. hat o: noblo 50, diablo 4, Grenoblo 9, livro 68, poro 27, vito 14, mondo 27, richo 97, quatro 110, sagio 93. 99. Daneben dieble 24, quatre 37; i erscheint nur in der Femininendung: sagi 99.

Bress. hat o und ou: dreulo 327 (= drôle), miseroblo 36, homo 22, livro 325, autro 321, quatro 395, brovo 34, sàdzo 30 (= sapius), vito 34; — dreulou 342, diablou 231, livrou 342, velàdzou 30, mondou 231 u. a.

Nachtoniges **u** in den Verbalformen auf —nt erscheint meist als o: suffront 71. sintont 41, sallont 42 — ditront 73, viront 75, bivront 75, furont 44. 57. 75 (A. Fr. furent) u. a. Daneben auch —unt: pridrunt 59 (vgl. A. Fr. duystrunt), estendirunt 51, ballierunt 58. erunt 38, sunt 47 (neben öfterem sont), saliunt 40; auch ent findet sich: volent 44. 45. 46, povent 45. 53. poent 41 neben poont 40. 74. pount 53 und pont 41.

Dauph. hat stets o: courron 52, offron 155; furon 106, firon 50, priron 68, rendon 60, volon 116. 138, povon 140, veyon 161, tenon 2, dion 3 u. a.

Bress. hat ebenfalls o: prenion 44, venion 57, sinton 57, metton 45; arousaron 24, antriron 53, meziron 53 u. a.

## 2. Betonte Vocale.

**a.**

4. Gedecktes lat. a wie im A. Fr. unverändert: aval 59, autre 37, tant 39, quant 37, grant 37, granz 41, chanz 41, frans 45, sanc 39. 52, lanci 71; regart 41; a 44, ha 42. 44. 45 etc. (= habet), sagi 76, quatro 59 u. a.
5. Freies a wie im A. Fr. als a erhalten:
a) Inf. lat. 1. Conjug. alar 74, amar 47, donar 57, desirrar 39, parlar 40, levar 45, recontar 36, ajotar 37, emendar 38, pensar 37.

Nach Pal. ier (er): regracier 49, commencier 73, ensennier 36, gaygnier 52, damagier 52, despleyer 58, cumunier 65, mengier 67, chargier 74, efforcier 51, laysier 65, aheissier 74, travallyer 51. 52. 54, agenolier 59, deleitier 39 (= delectare, ier hinter vortonigem i-haltigem Diphthonge), noer 41 (= noyer = necare); vereinzelt amermer 41 (= adminimare) und remirer 44, ar findet sich für erwartetes —ier in dignar[1]) 74 = speisen.

Dauph. ala 9, vola 18, aferma 6, talena 3. labora 6, trova 31, conta 5, sauta 2, pensa 10 u. a. Nach Pal. ié: resolacié 16, dancié 22, cachié 16, embrassié

---

[1]) Vgl. Gaston Paris, Rom. VIII, 95 ff.

16, alegié 10, arreizié 5, empleyé 66, baillié 20, miraillié 5, tirié 8 u. a.

Bress. hat a und häufiger o: allo 387, parlo 43, detorno 43, paro 33, trovo 43, peurto 34, conto 38, daneben mena 30, trimbla 144, reforma 146, conta 272. Nach Pal. e, ie und i: danche 67, toche 56, meze 44, abillé 35, baillé 389; vandanzie 113, minzie 113, songie 423, carassie 31, taillie 257; menayi 392, maugrayi 210, payi 64, bailli 82, çourci 416.

b) Die Endung —atum: crea 44, ala 61. 75, appellaz 73, contempla 44, forma 53, dona 45, mena 51, enluminaz 59; demostra 69. 70; elevas 43; reconta 69, effanta 71, porta 71, aporta 92, alaytat 73, ita 74, ota 55, emenda 39, regarda 38. 39, passa 54. fem.: tormenta 76, martiriza 77.

Mit vorhergehender Pal.: otreya 61, essaya 53, appareyllia 58, appareylya 59, derochia 75. Dagegen mesprisies 38, pechiez 53, delyez, deliez 45; mesprisie 38 (= ata), enbronchies 58 (= atas), dechanci 52 (= decalcata). Im Part. also nach Pal. Schwanken zwischen a und ie.[1])

Dauph. copa 24, aporta 9, conta 39, passa 25, empressa 38, dazu pra 2 (= pratum). fem.: empressa 10 u. a. Nach Pàl.: changia 27, cachia 20, grognia 39, recagnia 39, empugnia 39; migia 43, couchia 37, paya 43, laissia 13, abillia 41, aber mochié 31. fem.: envertouilla 4, embrassia 7, mingia 17, vengia 24, reviria 4; empacha 4 (= atas). Vgl. auch Arch. glott. ital. III, p. 81 f.

Bress. hat a, o, ay: alla 258, tera 97, composa 87, passa 257; allo 42, amo 87, copo 37, trovo 69; —

---

[1]) Dasselbe Schwanken im neueren Patois du Lyonnais. Vgl. Recueil faict au vray de la Chevauchée de l'asne, faicte en la ville de Lyon etc. (On. XLVI) publicirt im t. IX des Arch. hist. et statist. du Rhône p. 336 und 405 ff.: lessia (= laissé), fricassia (= ata) bailla, facha (= faché); aber fachy; prescha, csia (= aisé); ferner La Republica, chanson dedia oux agricuteux etc. (On. LXII, II No. 2) dedia (= dedicata), Strophe 4
  Et nos si longteims meprijas
  Pe lia nos serons protegeas
ferner abecha (= abaissé) Stroph. 7, aber balli Stroph. 11.

menày 217, desolay 213, dissipày 212, degotay 208 etc. fem.: allo 42, levo 68. Nach Pal.: bailla 125, lecha 250 (= laissé), lochia 216; aija 324; — dancho 331, cucia 264, effraya 259, mario 46; daneben mariyé 82, nayié 158, bailli 35, meze 326 (neben meza 130, megia 430 = mangé) u. a.

c) Die Enduug —atem: deita 37 (= divitatem), beuta 41, santa 45, bonta 44, povreta 38, clarta 43, volunta 40, sanda 56, pida 71.[1]) Daneben die zahlreichen Lehnworte: humilita 38, infirmita 45, humanita 37, divinita 43, trinita 46, charita 42, verita 60, legereta 44, nativita 39, fouceta 38, dignita 91 u. a.

Dauph.: volonta 35, verita 52, poreta 64, contatz 49 (= comitatem). Bress. hat o: libarto 64, royauto 65, sauto 93 etc.

d) Fernere Beispiele: sa 37; tal 37, qual 40, quauz 37 u. oft, corporal 67; mar 41, clars 44, clara 51, outar 55, pare 39, mare 49, frare 57, amares 44, Creares 60, tabla 67, trabla 67 etc. ie (e) nach Pal. findet sich in chiers 56, chier 77, chera 56, chieri 66; ferner cher 66 (= caro).

Dauph. sa 12; tau 18, tala 14, mar 10, pare 3, mare 3, na 20 (= nasus); aber eipea 19 (= spatha A. Fr. espaa).

Bress. hat o: pore 42, more 42, no 114 (= nasus), trobla 92 u. a., daneben a: pare 121, mar 319, vereinzelt pàire 65.

6. Die 3. sing. perf. der lat. a Conjug. (—avit) erscheint als —et und iet promiscue: desviet 45; alyet 72, parliet 55, donet 65, sonet 67, tornet 58, tornyet 68, entret 54, mostret 67, trovet 61, preet 61, otreyet 61; comencet 53, comenciet 43, efforcet 64, montiet 39, aventiet 55, demandet 61, gardiet 50, passet 56, layssiet 52, pensiet 65 u. a.

Dauph. hat it: alit 15, durit 38, trovit 16, lancit 8, recommencit 20, assiegit 20, deivizagit 20, laissit 17, plantit 34, chantit 34, gardit 51.

---

[1]) Daneben pidia 77 und pidie 58; vgl. Mussafia, Zeitschr. I, 411 Anm. 2, welcher dem franz. ié für é eine Form piitatem zu Grunde legt; eiue gleiche Einwirkung eines solchen ii wohl auch hier anzunehmen. Vgl. auch Lücking, die ältesten franz. Mundarten p. 67.

Bress.: parli 198, bailli 98, epargni 202, trovi 21, levi 68, quemanci 182, çorci 337, payi 409, arrandzi 409 u. a.

7. a + gutt. und a unter Einfluss eines i der folgenden Silbe wird ay (ai), bisweilen mit ey (ei) wechselnd: fayt und fait 36 (= factus), fayt 71 (= facit), fayre 45, faire 49, mays 51, mais 45 (öfters ma, z. B. 47 und einmal me 47 [Schreibfehler?]), playt 73, trait 74, lay 44, vray 60, pays 54 (= pacem), play 52 (  plaga); ei in meitres 46; a + i der folgenden Silbe: sai 66, ay ( habeo)¹) 36. 55. 73 etc. air 62 (durch Synizese); Analogiebildung in vay und vayt 74, veit 41 (= vadit).

An unbetonter Stelle: fayseit 45, feyset 50, faysanz 55; playsit 64, deplaysir 52, playra 56, laysier 65, layssiet 52 u. a.

Dauph. ai reducirt zu a: fat 1 (= factus), fa 8 (= facit), fat 14 (= facit), fare 1; dagegen ai, (ei, ey) in mais 125, mey 124 (= magis), ley 4 (= illac), maistre 123. 142, pai 107 (= pacem), pleizi 34.

Ol. 15 fayt ( = factum).

Bress. hat ai, a und o: fai (= factus) 119. 260, fa (= factus) 324. 403, mai ( magis) 319; fa 64. 320, fo 109 (= facit), fore 57 etc.

**e.**

8. ę (= klass. lat. ē) giebt ę und ey (ei), ę (= klass. lat. ĭ) giebt ey (ei):
plen 38, plenes 38, ser 77 (= serum), tres 40. 43. Die 2. plur. aves 36, vales 36, poes 60, savez 60 (vereinzelt cognoyssiez; i wohl durch Einwirkung von yss.), cortesi 36 und corteis 44.
plein 41. 47, pleins 45, pleyna 38. 66, peynes 39, crey 36, 40 (= credo), feybla 50, heyr 47 (= her[ed]es), seit 43 (= sedit); 2. plur. vereys 60, verreys 92, trovareis 60, doneis 56 (conj. praes.) — i in prit 40. 43. 77 (A. Fr. prist); pris²) 67 (A. Fr. preys); prison 61.

---

¹) In der 1. pers. sing. fut. findet sich ay, ey, oy nebeneinander: conteray 40, direy 36, diroy 36.
²) Der Dial. von Forez hat prey On. 383. 384. 433, surprcy On. 384.

ney 52 (= nivem), fey 71, beyvont 41, veyt 43, veit 46, veir 46, veyr 50, deceyvre 50, receyvre 65, perceyvre 52, seit 45 (= siat), seiant 44; deita 37. anceys des A. Fr. erscheint hier als ancis 73, vgl. dazu ades 51. 68 (= ad ipsum), also Monophthongirung. Vereinzelt oy: croy 47. Dauph. hat ebenfalls e und ey (ei): plen 16, plena 8; 2. plur. ave 19, save 20; plein 134, rein 10 (= reni); crei 8 (= credo), crei 12 (= credit), creire 20, trei 20, treys 156; mey 154 (= mensis), prey 154, prei 42, entreprei und reprei 37, cortei 107, surpreisi 260, preyson 218. Auch hier i in prit 39, pri 10 (= pre[n]si).

ney 143 (= nivem), pei 11 (= pilus); daneben peu 20; mein 12, veire 2. 15. und vei 13. 14 (= vídere), veyt 165, aber vet 11, 13, veyé 12 (= videtis), avei 7, savei 7; sei 130 (= sitis). siat begegnet als: set 30. 130. 204, syet 182, siet 165, seye 255, saye 279, soaye 172, siese 203, sieze 397.

vgl. auch Ol. voler 14, her 15 (= her[ed]em) und muller 15 zweimal (A. Fr. moylier), meys 14 (= mensis).

9. Lat. ē (ĭ) + gutt. und ĕ + gutt. wird ey wie im A. Fr. rey 54, dreites 47, daneben drez 60, orendreyt 73, orendreit 61, decreytre 42; — neyri 54, neires 38, neyres 37, estreyt 75, beneit 37, beneyt 49; otrey 61 (Verbalsubst.), veis 36, veys 64 (= vicem), dei 45 (= digitus); an unbetonter Stelle: creisit 51, creyseit 64 neben crezeyt 53; despleyer 58, charreyevet 75, otreyet 61, peysson 41; auch hier einmal oi: benoit 42; ey zu i in fit 38. 50. 64 (vgl. fist des A. Fr.).

ĕ + gutt.: leit 62, daneben liet 53 (= lectum), liere 38[1]) (= legere, A. Fr. leyre) keinesfalls mit Diphthong ie, eher wohl Verschreibung für ei in beiden Fällen.

An unbetonter Stelle: deleitier 39, leytuares 45, preyeri 53. 55. 56 (verkürzt in preeri 39. 51. 66, preeres 66). i findet sich in mesprisie 38, yssit 41, nient 73.

Dauph. hat ey (ei): lei 132, rei 7, rey 324, reina 3, drei 384, dreyta 161 (dret 139) und tet 14 (= tectum);

---

[1]) Forez: leyre (= A. Fr.) On. 265.

pleye 14 (= plicat), neiri 127, neire 165 (aber niera 10), freid 403, dei 15 (= digitus) Ol. dreyts 14. Für ursprüngliches ē + nachton. i bietet M. d'O. keinen Beleg. Hierher gehört jedoch erius (= klass. lat. —arius), welches eyr ergiebt wie im A. Fr. in volunteyrs 46; meist aber erscheint ey monophthongirt als e: premer 58 (3 mal), 59, premers 59, escuers 74; zu i: escuir 75. Daneben erscheint ier: premier 42. 58, primyer 41. 42, primier 68, chevalier 90, chavalier 90, chevaliers 90, chivaliers 91, dongiers 73, sentier 75.

ēria (= klass. lat. aria) wird stets —eri (vgl. A. Fr. pleneyrament): maneri 37, fumeri 54, someri 74. 75, preeri 39. 57. 66, premeri 74. 75. 76. 92, enfermeri 51, preyeri 53. 55. 56, cusinyeri 51.

Die Formen essemplayre 38, essimplairo 39, contrayrio 38; seculars 73, leytuares 45 sowie die aus vicarius gebildeten: vyares 51. 52, vyayres 53. 55, vyaires 62, viaires 63, sodann vicayro 73, vicayros 74 kennzeichnen sich deutlich als Lehnworte verschiedener Perioden.

Dauph. erius (= arius) zu eiro: manieiro 401, armoiro 19, seminciro 283, ordineiro 148, noteiro 140, herediteiro 140, comisseiro 148; daneben ié: premié 23, millié 36, charié 43, mutrié 23, papié 35, bergié 2, pourtié 38. Ol. chavaller 15 (vgl. A. Fr. cavaleyr). —eria (= aria) zu eiri: maneiri 8, premeiri 19, charreiri 13 u. a. Bress. erius zu i (monophthongirt aus ey): premi 332, monni 46, garri 98, fevri 111, papi 89, quarti 324 u. a.

10. Freies ē erscheint wie im A. Fr. als e, daneben aber auch Diphthongirung zu ie; gedecktes ē bleibt: cel 39, pera 59, peres 59 (= πέτρα), tenebres 47, seglo 39. 47, secho 66 (= sedicum). Daneben ciel 39, gries 69 (= greves), pies (= pedes) 43. 59, sieglo 76, arriere 60, derrier 41. 58, siecho 66, viegnet 45.

bel 46, novel 41, porcez 47 und fangez 47 (Suffixbildungen mit —ellus), meuz 36, tens 36. 43, daneben teins [1]) 39. 40. 45 etc., enteriment 50, empegiment 45, rent 54, fervenz 49, genz 43. 47. 56, argent 74, presenz 44, poyssent 54; terra 36, devers 58, est 41. 42 etc.

---

[1]) ei bezeichnet wohl den Uebergang von ę zu ç vor Nasal; dafür spricht auch i für e in engint 59, enginz 54 (= ingenium), vgl. Förster, Zeitschr. III, 502; auch sintont 41 (= sentiunt).

Freies ĕ zu ei in bene: bein 38. 39. 42. 44. 46 (3 mal), 47 (3 mal), 57 etc., beyn 52, ben 38. Vereinzelt daneben bien 38, als subst. biens 42, bin 40.

Dauph. Freies ĕ zu ie: cie 1 (= ciel), piera 31, fiera 31, yer 16 und hié 9 (= hĕri), pie 30, auch siegre 97 (= sequere); aber era 4 (= hedera); ĕ bleibt als ę vor n: ren 12, tenon 2 u. oft, te 11 (= tiens) zu i: tin 4 (= tient), vin 7 (= vient), devin 4.
bene ergiebt stets ben 3. 6. 7. 8. 9 etc.

11. e des Hiatus in der Gruppe liq. e. Voc. bewirkt mouillirten Laut: viegnet 45, lignajo 61 (linajo 71).
12. e auch hier prothetisch vor s imp. : escrit 37 u. a.
Dauph. zeigt prothet. ei : eitela 4, eitablo 46, eiperit 70 u. a.

**i.**

13. Betontes freies und gedecktes ī bleibt auch hier wie im A. Fr. erhalten. Beispiele dürften überflüssig sein.
14. Lat. ĭ = vulgär lat. e erscheint auch in M. d'O. als e: enfes 63, menz 42 (= minus), entre 58, senble 36, recevrent 42, letres 37, metre 50, net, netes, nede 47, freches 60 etc. Hier und da findet sich noch Schreibung mit i neben häufigerem e: dedinz 40 neben dedenz 40. 41. 44. Bei den pron. demonst. kennzeichnet i den nom., e den obl.: ciz 36. 41, und cil 44 (nom.); cel 39. 41 etc. (obl.); analog cit 40 (nom.), cest 41 (obl.). Aber auch im obl. sing. treffen wir i an in cil 45, cilli 63, cita 50. 51.
15. i + einer Lautgruppe, die l oder ñ ergiebt, wird auch hier e + l (ñ); Schreibung mannichfach: vermelia 62. 63, vermeli 63, vermelles 37, vermeylles 37, vermeyles 60; veyllanz 52; deigneit 48, ensennier 36, dennies 65, ensenniment 65; einmal oil: consoil 66.
dignat 65, benignament 56 sind Lehnworte.
Dauph. merveillou 52, consei 44, conseillié 52, solei 4, oureilli 44, reveillavon 50, elhy 4, elli 20, eilli 53 (= illa); enseignie 33. i beibehalten in chamille 64 (= canicula), perillou 52, aville 31, chavilli 52 (= clavicula), filli 6; digno 140 und digna 8 sind wohl gelehrt.
16. i im Hiatus. m i + Voc. wird wie im A. Fr. ng (nj): dongiers 73, loenjo 49 (wie Cornu liest); die Form sapi des A. Fr. lautet hier sagi 76 (also pj + Voc. zu g + Voc.).

17. Lat. ō ist unverändert wie im A. Fr.: non 49 (= nomen), dons 49 (= donum), persona 36, nona 67, donet 40 (conjunct. praes.); chavon 58, meyson 73, prison 57, peysson 41, oreyson 40. 43, reyson 36, non (Neg.) 36. 38. 40. 43. 44. 46. 47 etc., no 43. 46. 52. 55. 56. 65. 66, hora 74, ora 61, or 37. 40, noble 37, nos 37, vos 36, vo 40, toz 37, totz 43, tot 38, tretot 41, tota 37, ausserdem zahlreiche Lehnworte auf —ion. Vereinzelt nun 57 (= nomen) und dunt 48 (= donet).

Dauph. nom 35, environ 2, seison 2, maison 2, chapon 24, perdon 8 (conj.), persona 33; nobla 38, noz 3, vos 9, vo 11. Daneben vous 39; merveillou 6, amoirou 14, preciouse 3; tota 43 und touta 4, tout 5, tou 2 (plur.).

18. Von subst. auf —tor (toris) begegnet in M. d'O. nur paschaur 71 (nom. plur.), pecheors 71 und pechiors 72 (beide obl. plur.); ferner creatour 59. 60. 65. 72 (obl. sing.) mit creares 60. 70. 72 etc. als nom.; vgl. auch salvares 60.

Sonst haben die nomina auf —or (—oris) vor flexiv. s stets or, ohne dasselbe our (nur einmal seignor 36):

| | |
|---|---|
| dolors 60. 64. 69, | dolour 58. 65, chalour 52, |
| amors 41. 45, | amour 39. 41. 43, |
| temors 53, | temour 51. 61, |
| | honour 49, menour 59, |
| mirors 40, | mirour 40, mireour 46, |
| | erour 66, Savour 67, Salvour, 60. 65, fervour 51, |
| doucors 41. 42. 45, | doucour 41. 42. 44, ducour 51, couvertour 69, |
| resplaudors 63, | resplandour 59, |
| odors 41, | |
| | segnour 69. 74, |
| pluisors 50, pluysors 53. 61, | |
| plors 65, meliors 68, | |
| dazu lor 46. 47. 58. 65. 75, | lour 45. 47. 63. 72. 73. 74. |
| entor 74. | |

Dauph. hat ou: amour 7. 14, serou 3, doulou 23. 25, meillou 26, Segnou 37 u. a.

19. Lat. ŏ hier wie im A. Fr. erhalten; in offener Silbe auch Diphthongirung. Freies ŏ: bons 36, bona 36, cor 36. 39. 46. 47, ovres 37. 50. Daneben cuors 43. 58, cuor 47. 48. 50. 51, cuers 52, suers 90. Hierzu stellt sich puot 46 (praes.); gedecktes ŏ: home 40, ome 40. 42. 43, on 37. 38. 44, hon 55. 58. 63, hons 72, honz 55, donna 43. 53, donz 73, cors 39. 41, mors 37. mort 38, fort 44, confort 39, trop 73, nostres 36, vostra 36 u. a. ŏl + cons zu ou + cons: fouz 44; post (A. Fr. poyst) stellt sich dar als pois 36. 64. 73, poys 58, pues 37, puis 73. 74; loins 64 (A. Fr. loyn).

Dauph. Freies ŏ: bon 6, bona 3 (bouna 2), rosa 9, trove 4, cor 17, meist aber cour 15. 19. 36. 37. 38; gedecktes ŏ: home 9 (aume 20. 29), fron 17, contr' 33, mola 5 (= mollis), foille 18, foilhe 35 (ill und ilh = ĺ), vollie 24 (= voljat), mort 22 und mor 18, fort 4, trop 15, trot 2 (= trop), votra 7, toche 77; post erscheint als peu 122 u. oft. poey 216; loin 5. Ol. homens 14 (2 mal, vgl. A. Fr. omen), donna 15. ŏ erscheint als u vor Nasal: cum 42 (neben häufigerem com), hun 64. 70. 71. 72 (= on = hominem); oculus (A. Fr. uyl) hier huel 52 (nom. plur.); euz 69, heuz 62, iiouz? 39 (obl. plur.), ferner u für ŏ in lues 40. 44 (= lŏcus), lua 44 (obl. sg. A. Fr. lou), fua 52 (= fŏcum), auch vor s: uis 77 (= ostium. neben hoys 78).

**u.**

20. Lat. ü auch hier unverändert erhalten: nulla 45; un 36, uns 46, acuns 36 (vereinzelt alcon 40), negun 45, figura 62, salut 36, vertuz 41. confus 54, persegus 37. 38, plus 36 etc., zweimal pluis 47. 49 (i wohl durch s hervorgerufen, lässt die Aussprache ü = u folgern); fut 36 etc., furont 44; deduit 46, pertuis 43.

21. Lat. ü stellt sich auch hier als u und o dar.
u: numbro 58, corrumpre 46, mundo 39. 41. 45. 65, unques 40 (onques 72), unqua 64, secunda 70; als o: son 36 etc., mont 36. 57. monz 43. 59 (= mundus), secont 46, seconda 69, rionda 62; jors 36, jor 55; reternont 42, douz 31. douci 39, mout 36, roges 39 (rubeus), bochi 40, gota 47, dejota 62. 73, sos 43. 60. 61; ubi wird ou 42.

Dauph. ŭ erscheint als ou: courre 56. courron 52, cour 54 (= curtus), iour 56, our 56 (= ursus), secours 61, fourchi 73, bouchi 55, mouchi 55, lou 60 (= lupus), als u in su 54 (= super);

als o: cor 5 (= cursus), gorgi 76, colomba 18, mondo 97, fon 11 (fundus), noce 67, dessot 65, codo 11 (= cubitus); poin 17 (= pugnus), neben puin, poin (= punctus) 28.

**au.**

22. au erscheint in M. d'O. als o: Po 67 (= Paulus), or 37, povre 38, po (= paucum) 40. 42. 54 etc., chosa 39, clos 36, closes 45; secundär parola 55, paroles 50; an unbetonter Stelle: povreta 38, oir 50, loenjo 49, closant 37, otroyet, otrey, otreya 61; als u in huy 36 (= auditus); secundäres au in paur 66 (wohl pa-ur), sonst pour 51. 54, pours 53.

Dauph. au wird o: poro 27, pora 61, po 71 (= paucum), coa 53. 61 (= cauda), oze 4 (= audet), choso 61, chosa 9; unbetont: soret 85 (vgl. saur im A. Fr.), oire 67. Neben o findet sich ou: coua 54, oui 5, chousou 84, chousa 154.

au erhalten in pausa: causa 52. 74 (im Reim); weiter cautelou 60, cautelouse 59. Lautwerth wohl = o, dem Schreibungen mit au für ursprüngliches o: aufri 154 (= offrir), aume 82 etc. (= homo) eine gewisse Bestätigung geben.

## B. Die Consonanten.

Liquide.

**l.**

23. l nach Cons. (auch wenn derselbe vocalisirt wurde, vgl. parola 55, im A. Fr. noch parabla) bleibt ebenso wie im A. Fr.

l vor Cons. überall zu u aufgelöst (im A. Fr. noch unaufgelöst): dechauci 52, douci 41, doucors 41, fouceta 38; aut 75, autes 62, autre 37, defautes 38, outar 55. 57. 65, beuta 43, 44, mout 36, vout 46, viutinances 38, voudra

47; immortaus 37, fermeus 37, fius 37, ceuz 41, meuz 36, carreuz 53, ruysseuz 75, fiuz 39. 60. Bisweilen wird ein solches u unterdrückt: atri 58. 59, as 74 (dat. plur. des Artikels); quaz 68, corporaz 62, porcez 47, fangez 47, fiz 59.

Im Auslaut ist l (oder ll) als l erhalten wie im A. Fr.: tal 37. 39, qual 38. 70, cal 66, corporal 67, eternal 72, sal 75, al 50 (vereinzelt au 62), cel 39, novel 41, fermel 37. 42, carrel 53, bel 58, del 37 etc., fil 37. 38. 42, cil 44, col 37.

24. li + Voc., cl, gl, (jl) und ll inlautend geben l, dessen schriftliche Darstellung wie im A. Fr. sehr variirt: voil 49. 56, voylles 77, consoil 66, meliors 68, mervilles 46, meravillous 42; appareyllia 58, appareylya 59, enveylir 46, peril 74, travayller 51, travallyer 52, travalyer 54. travayl 73, vermeylles 37, vermeyles 60, vermelles 37, vermelia 62, vermeli 62, agenolier 59; veyllanz 52; ballierunt 58. deffayllir 60, deffayllit 51, deffaylievet 66, defalir 47, saylit 61, saleyt 41, salleyt 41; oculus giebt huel 52 (A. Fr. uyl), euz 69, heuz 61, 62, iiouz? 39.

Worte wie seglo 39. 47, sieglo 76, iglyesi 57 etc., miraclo 72, sind Lehnworte.

Dauph. batalli 10, palli 13, palhi 125, volalhi 131, meillou 26, meilhou 145, filli 6, filhi 143, vollie 24, foillet 14, foille 18, folhi 149; miraillié 5, travalhon 138, vieille 2, veilli 12, aville 31, failli 6; oculus wird eu 17 etc.; lat. illa ergiebt: elli 20, eilli 8. 23. 53, eli 6, li 7, elhy 4, lhy 5, elhi 27. l ist verschwunden in travai 3, solei 4.

25. Zu prodeltaz des A. Fr., wo l vor t unetymol. steht, bietet M. d'O. keine Analogie.[1])

**r.**

26. Auch hier ist über r nichts zu bemerken.

---

[1]) Vgl. Bonnardot, Rom. III, 88 „Sur un nouveaux manuscrit des Loherains". Dies Ms., das nach P. Meyer aus dem Nordosten Burgunds stammt, bringt olt, polt, testalmant = ot, pot, testamant.

## m.

27. m vor Cons. stellt sich theils als m, theils als n dar, wie im A. Fr.: compaignes 50, contemplar 39, complexions 50, exemplos 36, essemplayre 38, corrumpre 46; semblanci 46, semblanz 55, membro 44, remembranci 52 u. a. als n: conpagni 76, tenplees 37, contenpla 44, contenplacion 76, colunba 92, senblanz 36. 39. 40. 51. 92 etc., senblanci 55, remenbranci 77, conteray 40, recontar 36, tens 36, teins 39 etc.
28. m i + Voc. wird nj : loenjo 49 (vgl. A. Fr. losengetour).
29. m + Voc. + n ist erhalten in homent 76 (A. Fr. omen) Ol. homens 14 (2 mal) m'n ist assimilirt: donna 43. 53, vereinfacht dona 53 und auslautend in donz 73. 92.
    Dauph. dana 9 und sonst dama 37. Ol donna 15.
30. Auslautendes m ist erhalten in com 41. 42. 43. 44 etc., cum 42 (A. Fr. cum), zu n in son 36, non 49 und nun 57 (= nomen), on 55. 58. 73, hun 64. 70. 71. 72 (= hominem), fayn 42. 45 (= famem).

## n.

31. n vor Cons. Zu m vor b und p: em bon point 51, em pures — 59; erhalten vor f: enfes 63, enfant 63 (im A. Fr. emfes), ebenso vor c und t: lanci 71, patienci 38, blanches 37, sanc 39. 52 (mit urspr. g); quant 36, tant 37, briament 37, soulament 39, comenciment 39, volent 44. 45. 46, furont 44, pridrunt 59, chantar 41, chanz 41, dedenz 41 u. a. nd: grant 36. 37, granz 41.
32. n vor s fällt wie im A. Fr.: corteis 44, cortesi 36, pris 67, prison 57, prissant 67, enfes 63, remas 65. 66, meyson 73, demostret 62, demostra 70, espousa 50. Daneben erhalten in: demonstranz 72, demonstrances 72, monstrar 48, deffension 54 und stets in den Praefixen en und con.
33. g + n, ne + Voc. geben wie im A. Fr. ñ. Die Schreibung ist verschieden: ensennier 36, ensenniment 65, dennies 65, deigneit 48; viegnet 45, montaygnes 75, lignajo 60 (linajo 71), seignor 36, segnour 69 u. a.
    Dauph. empegné 17, enseignié 33, montagni 1, vergogni 22, charogni 22, vigne 7, Segnou 37, besognié 19, tegniet 7 u. a.

34. n auch hier im lat. und roman. Auslaut erhalten: plen 38. parchimin 64, matin 37, bein 38. 39 etc., chavon 58, meyson 73; non 36 (Neg.), un 36 u. a.

Labiale.

**p.**

35. p im roman. Silbenschluss ist gefallen: tens 36, teins 40, cors 37, 40 (im A. Fr. noch temps und corps), recontar 36, conteray 40.
36. p intervocal und in der Verbindung p + r wird v (im A. Fr. noch die ältere Stufe b): trovavet 38, savez 60, rives 44, cuvers 69, deceviment 56, recevirent 58, chavon 58, savors 45; povre 38, povreta 37. 38, ovres 37. 50, uvrit 40; cabir des A. Fr. belegt On. 118 im Dialekt von Lyonnais in der Form chavi und cabir.

Dauph. ebenfalls v: trova 30, savey 117; chaveu 123, aville 116, chavi 6, couvert 122; chievre 2 (= capra), chovrot 2, ouvragio 15. p ist ganz geschwunden in poro 27, pora 61, poreta 64.

die Urkunde von 1275 in Ol. hat savio 15 (A. Fr. sapi).

37. p + t und p + s nach Voc. zu it und is wie im A. Fr.: escrit 37, ancis 64, ades 51. 68 (wohl aus adeis).
38. Auch hier fällt p im Auslaut nach Voc.: say 66 (= sapio); pp vereinfacht in trop 73.
39. Für Einschiebung eines p als Stützconsonant bietet M. d'O. keinen Beleg.

**b.**

40. b in Verbindung mit Cons. br (im A. Fr. noch erhalten) zu vr: livros 36, dagegen tenebres 47. 59 (wohl als Lehnwort anzusehen). br ist geblieben nach m (n): membro 44, embracavet 51, remembranci 52, enbronchies 58 u. a. b ist geschwunden vor r: escrire 79, sorisanz 57.

bl ist stets erhalten mit Ausnahme von parola 55, paroles 50 (A. Fr. parabla). b fällt vor t: dotar 63, dotas 60, dotanci 64, vor s erhalten in obscur 69, obscurs 39 (A. Fr. obscuraz).

41. Intervocales b auch hier zu v: chevalier 90, chavalier 90, chivalyers 91, miravillous 42. 69, mervilles 47, sovent 51

und in sämmtlichen Imperfecten der lat. a Conj. — habundavet 68 und abontar 72 haben als Composita ursprüngliches b sich gewahrt.

Dauph. travai 3, devei 22, avei 24, soven 57, merveillou 6, eiprova 132 u. a. Ol. chavaller 15 (vgl. A. Fr. cavalleyr).

42. b schwindet wie im A. Fr. in den Formen von habere: ay 36. 55. 73, hay 40. 73, a 44, ha 42. 44. 45 (= habet, A. Fr. ad).
43. b im Auslaut findet sich in M. d'O. nicht. Ueber die dem ab (= habuit) des A. Fr. correspondirende Form vgl. die „Verbalflexion".

### v.

44. v verschwindet inlautend in Worten wie paur 66, pour 51. 53 (= pavorem). Eine dem natiz des A. Fr. analoge Bildung findet sich nicht.

Dauph. reitit 33 (= rétif, retivus) zeigt dieselbe Suffixvertauschung, die in natiz (= nativus) zu Grunde zu liegen scheint.

### w.

45. German. w wird wie im A. Fr. zu g: gardiet 50, gardet 53, garde 58, garda 67, regart 54. 59. 60. 62, regardaz 60, guerra 57, guerpir 50, guerpit 54.

Dauph.: guerra 118, gueipe 31, gari 53 (= guérir), guisa 65 etc.

Bress.: garda 321, gardovan 318, gorde 112 (= garde), gogné 324 (= gagner), guara 53, guero 322 (= guère), garri 97 (= guerrier), guisa 209, guetio 318.

### Gutturale.

### c.

46. c im Wort- und Silbenanlaut vor Cons. und vor den dunklen Vocalen o und u, wie im A. F. als c erhalten.

In der Verbindung Voc. + c + o (u) erscheint für c auch g: secon 93, secont 46, seconda 68. 93, aber segont 69, persegus 37. 38.

c vor a wird ch (im A. Fr. noch als c erhalten): chalour 52, chantar 41, chancon 41, chanz 41, charita 42, cher 66, charget 74, chavalier 90, chosa 39. 40 u. a.: daher wohl carta 46, carrel 53, carrenz 53 als Lehnworte anzusehen sind; im Silbenanlaut: bochi 40. 43, pechiez 53, pecheors 71, dechauci 52. blanches 37 u. a. c vor a ist vocalisirt in delyez, deliez 45 (A. Fr. noch delcad); die Entwickelung der Lautverbindung icare übergehe ich, da sie im A. Fr. nicht vorkommt.

Dauph. Auch hier c vor a zu ch: chamin 33, chan 33 (= campus), chantit 34, changia 27, chin 9; charreiri 13, chargia 27, charfa 26 (= chauffer), chapon 24, chaveu 10, chiva 33, chayon (= cadunt) 30; im Silbenanlaut: bouchi 12, monchi 14, blanchi 7, manchi 17, eichallié 11. In Lehnworten noch c: caborna 4 (= caverna), camizi 26, eicabela 32 u. a.

47. c vor hellen Vocalen.
a) im Wortanlaut: cel 39, cessar 74, certes 42 u. a.; cil 44 (= ecce + ille), cel 39 (obl.), cit 40 (= ecce + iste), cest 41 (obl.) entsprechend chel und chest des A. Fr.
b) im Silbenanlaut: porcez 47, roncin 74, perceyvre 52, recitar 67. 70, licenci 67, receu 65, recyut 66, daneben recu 90, wo ebenfalls wohl der assibilirte Laut vorliegt; analog douci 39, douce 77, daneben doucors 41. 42, doucour 41. 42, ducour 51. Hierher gehören auch die zahlreichen Worte auf —ci (= tia oder cia), welche vgl. unter No. 3.
Intervocal zu s: fayseit 45, faysanz 55, playsit 69, gisir 70, diseyt 74, reluysanz 43 u. a.; auch wenn solches c in den Auslaut tritt, erscheint s: pays 54 (= pacem), voys 55, veis 36. 50. 51. veys 67 (z in vez 51, auch pecheriz 63). Dieses s ist vor darantretendem t verstummt und auch in der Schrift gefallen: fit 38. 64. 74 (A. Fr. noch fist).

48. In den primären und secundären Verbindungen c + t und c + r wird c wie im A. Fr. zu i: dit 47 (= dicit), diz 73 (= dictus), beneit 37, deleitier 39, leit 62, orendreyt 74, fayt 36. 71; dire 36. 37, direy 36, fayre 45, faire 49, playra 56, noyre 53.

Dauph. c spurlos verschwunden: fat 1 (= factus), not 9 (= noctem), frut 18; dire 32, fare 1, afare 8, dret 139 (daneben dreyta 161) u. a. Am Ende des

13. jh. war im Dialekt der Dauphiné c noch als i gewahrt, vgl. Ol. fayt 15, dreyt 15. ct und cr ist erhalten in Lehnworten: delectunt 46, affliction 52, secret 69, secrez 47. 67. 68. — laygremes 50. 55. laygrimes 65 sind wohl Lehnworte einer älteren Periode. Ueber c + l vgl. No. 24.

c + s (= x) wird i + tonloses s (= ss): layssier 73, layssaront 73 (laysier 65), yssit 41, issir 45; i in der Schrift bisweilen unterdrückt: essemplayre 38, essimplairo 39, assy 41, assi 42. 43. 47, daneben yssi 56, essi 39 (A. Fr. noch aysi). Vor antretendem Cons. fällt solches s aus (im A. Fr. noch erhalten duyst): approymave 64, boyta, boyti 55 (= buxida), jota 75 (wohl von justa), analog ajotaront 59.

Erhaltenes x kennzeichnet Lehnworte: exemplo 50. complexious 50, expandet 42, dextra 43 (destra 57) u. a.

49. sc + Voc. stellt sich wie im A. Fr. dar als i + tonloses s: peysson 41, decreyssit 75, apparissit 63, appareyssant 43, cognoysseyt 53 u. a. Daneben Schreibung mit einfachem s: creysseyt 64, pariseyt 60, parisant 60; i bisweilen unterdrückt: dessent 75, desendre 37. descendiront 73 (Latinismus).

50. c im roman. Auslaut ist gefallen (im A. Fr. noch gewahrt): po 40 u. oft (A. Fr. pauc), fua 51. 52 (= focum), lua 40. 43. 51 (= locum), dazu ne (= nec) 38. 39 etc., ebenso vor flexiv. s; lues 40. 44, frans 45, flans 60. Wie im A. Fr. ist auslautendes c vocalisirt in lay 44. 54, avoy 42. 44, veray 51, vray 60.

51. c vor abfallendem i + Voc. tritt als z in dem Auslaut: glaz 52 (glaciem), gaz? 75.

**qu.**

52. Im Anlaut neben qu auch Schreibung mit c: cal 66, cauz 1; ch: chascun 47, chacuns 40. chi für qui findet sich im M. d'O. nicht. Inlautend ist qu völlig wie c behandelt. Vor dunklen Vocalen finden wir c und g: acuns 36, neguns 44, segont 75 (= sequunt); auch Ausfall: neuns 66. 72.

**g.**

53. g im Wort- und Silbenanlaut erhalten: argent 74, fangez 47, engint 53, zu ch: parchimin 64 (A. Fr. noch pargamin).

g im Inlaut vor r und s vocalisirt: liere 38 (A. Fr. leyre); alagrament daher Lehnwort: mais 68, mays 47. 51. 53, meitres 46 (A. Fr. noch magestres); über g + n (n + g) vgl. No. 33.

54. Intervocales g findet sich nur in Lehnworten wie figura 62 u. a. fugere (A. Fr. fugir) findet sich in M. d'O. nicht.
55. g im romanischen Auslaut wird auch hier vocalisirt: rey 54, play 52 (= plaga?), playes 43; daneben plaes 39, wo i unterdrückt ist.

h.

56. h findet sich anlautend öfters geschrieben: honour 49, home 40, hons 72, honz 55, auch da, wo es etymolog. keine Berechtigung hat, wie in heuz 61. 62, huel 52 (= oculus), hubliavet 71, huy (auditus) 36, habundavet 68, ein Zeichen, dass es verstummt war.

Dentale.

t.

57. t im Anlaut, In- und Auslaut nach Cons., auch wenn sie vocalisirt wurden, erhalten: escrit 36, escripta 39; dotanci 54, dotar 63; dit 47, beneit 37, deleitier 39, leit 62, orendreyt 74, fayt 36. 72; mont 36, haut 60, mort 38, regart 41, part 73, tot 38, tretot 41, verset 67 (analog collet, altet im A. Fr.), Christ 38, sowie die zahlreichen Worte auf nt, vgl. No. 31. Bisweilen fällt t ab: tan 38. 39. 50, quan 45, par 43 (= partem), dei 45 (= digitum), poys 58. 64 (= post, A. Fr. poyst); vor antretendem flexiv. s verschwindet t stets; pars 43, Sayns 41, Sains 42. 44, trapercans 43. 45, tormens 49, fervens 49, gens 58, convens 67, poyssens 47; dazu denens 50; meist verschmilzt t + flexiv. s zu z, worüber vgl. unter „s".
58. Inlautendes t fällt auch hier intervocal und vor r: via 36. 39. 66, crees 40, dechauci 52, rionda 62, pecheors 71, escuers 74; — pare 39. 43, mare 49. 54, frave 61, pera 59, Creares 60. 70. 72, Salvares 60, pecheriz 63.

Intervocale t nur in Lehnworten erhalten: fouceta 38, secreta 70. eternal 70, devotament 49, cheritousa 50, Creatour 59. 60. 65. 72 (vgl. enperatour im A. Fr.), sodann die zahlreichen nomina auf —itatem: verita 60, humanita 38 u. a.

t zu d in pidia 77, pida 71, pidie 57. 58, pidous 72, pidousa 50, pidousament 60.

59. Intervocales tt ist als t erhalten: letres 36. 37, matin 37, tota 37, totes 38, vgl. Theil I No. 59.
60. t i + Voc. wird Spirans und zwar tönende vortonig nach Voc.: oreyson 64, reyson 36, mesprisies 38 (im A. Fr. kein Beispiel dafür); nachtonig und nach Cons. tonlose Spirans : graci 36, patienci 38 u. a. Unser Text bietet meist gelehrte Worte mit ti— und ci— : pretioses 59, precioses 69, contio 61, levation 64, illumination 63, consolation 66 u. a.
61. Isolirtes t im Auslaut ist geschwunden (im A. Fr. als d erhalten): vertu 78; ferner in den subst. auf —atem (vgl. No. 5, c) und in den particip. der a Conjug. durchweg. Vereinzelt ist noch t geschrieben : salut 36, alaytat 71, veut 71, recyut 66.
Die Verbindungspartikel et erscheint in M. d'O. als et 37. 42 etc., e 36. 41. 44 etc., y 37. 56, ey 59 (vgl. A. Fr.). Auslautendes t in Verbalformen siehe „Verbalflexion".
62. t zwischen s und r eingeschaltet: decreytre 42, creytre 53. 66, naytre 65, cogneitre 47. Eine Analogie zu duystrunt des A. Fr. bildet hier ditront 73, und pridrunt 59 mit euphonischem d.

### d.

63. Intervocales d ist geschwunden (Im A. Fr. noch erhalten): vay, vayt 74, crey 36. 46, siet 39 (= sĕdet), seit 43 (= sēdit), veyr 50, veu 40. 70, beneyz 37, oyt 56, oir 50, cloyt 52, nues 52, Jue 37 (Judaei); intervocales d zu s in visit 68, sorisanz 57, oserit 53, osat 54. 65, closant 57, schwand in loenjo 49 (A. Fr. losengetour).
64. d im lat. Auslaut fiel stets in der Präposition ad: a 36, und oft; ad + Artikel: al 37. 38. 39 etc. Roman. auslautendes d wurde t (nach Cons.): grant 36. 37, quant 38. 90, mont 37. 47. 57, secont 46, sovent 57, ont 54, ent 74, dont 75; einmal second 42; d schwand in en (= inde) 38. 40. 41, quan (= quando) 77, sowie nach Voc.: fey 71, pies 43. 59. 60; aber freyt 47.

Dauph. Roman. auslautendes d fällt: quan 8, gran 8. 12, fon 11 (= fundus); pie 30; graphisch ist grand tormen 10.

**s.**

65. s in Verbindung mit Cons. erhalten: escrit 37, escuers 74; espirit 51; vor t ist s verstummt, wenn auch noch häufig geschrieben; auch in der Schrift unterdrückt in Crit 36. 38. 43. 49 (neben Christ), teta 59 (neben testa 52. 56), meitres 46, acotuma 40 (neben acostuma 67), oti 65 (= hostia); durchweg ist s gefallen in den Verbalendungen auf s't, so 3. sg. conj. Imperf.: brulat 52, gardat 53, osat 59, alat 73, secorit 53, cognoyssit 69, playsit 64, voucit 65 u. a.

Dauph. s schwindet auch vor c und p: eicola 136, ecrit 66; eiperit 70; eitablo 46, eitela 4, teta 11; montron 5; st fiel in peu 74, poi 29 (= post).

66. Ursprünglich oder secundär auslautendes s ist wie im A. Fr. erhalten; einmal vo 40, neben gewöhnlichem vos. Meist ist auslautendes s flexiv., welches häufig mit z wechselt: quauz 38, beuz 44, fiuz 39, douz 36. 41. anz 50. 53. 68, Alamanz 73, ordenz 41, enginz 54, honz 55, donz 73; auch für stammhaftes s tritt z ein: menz 42. 74 (= minus).

Dauph. Auslaut. s ist, weil stumm, auch in der Schrift durchweg geschwunden: trei 9, me 10 und mei 6 (= mensis), gro 6, ten 2, cor 63 (= corpus), cor 5 (= cursus), ver 7 (= versus), pa 6 (= passus).

67. t + s und d + s wird z im Auslaut, wie im A. Fr.: appellaz 73, enluminaz 59, delyez 45, espiriz 61, Chriz 36. 39. 45. 48, escriz 36, beneyz 77, vestiz 43, sustiz 45, drez 60, toz 37. 40. 41, totz 43; noyz 74, vertuz 41; semblanz 36, veyllanz 52, demonstranz 72, chanz 41, Sanz 69, tanz 65; espanchimenz 39, embrassamenz 41, tormenz 69. 71. 72, meynenz 74. 75, remembrenz 72, fervenz 50. Avenz 69, genz 43. 44. 50, presenz 36, obedissenz 38, dedenz 40. 41.
d + s: granz 40. 41. 64. 65 etc. (grans 70), monz 43.

**z.**

68. Unetymolog. z ist angefügt in senz 51. 58 (auch A. Fr. senz = sine + s), seinz 61, daneben seyus 79, seins 52,

auch sen 45. Vgl. ferner über z (= c, t + i + Voc.) No. 51, 60 und 66.

## Die Flexion.

### 1. Artikel.

70. Masc. nom. sg. li 37 etc. einmal lo 37   fem. li 37 etc.
    obl. - lo 37 -                              - la 36 -
Mit Präpositionen del 37. 38 etc. al 37
(au 41), el (. en lo) 38. 56.
nom. plur. li 37                              - les 37.
    obl. -  { les 37.
           { los 44. 49. 59. 60. 61.    - les 38, le 43.
Mit Präpos. des 41, as 74 (au 45).

Im A. Fr. fanden wir li und lo im nom. sg. masc., jede Form dreimal; M. d'O. bietet lo nur einmal p. 37: Quant veneit lo matin, illi comencavet a pensar etc., sonst stets li. Auf li im nom. sg. fem. scheint die Analogie von illi (= illa), ferner auch wohl die zahlreichen feminina auf —i von Einfluss gewesen zu sein. Der neuere patois von Lyonnais hat nom. sing. masc. lo (vereinzelt lou, le), obl. lo, fem. nom. und obl. la; vgl. Recueil faict au vray de la Chevauchée de l'asne etc. in t. IX des Arch. hist. et statist. du Rhône p. 336 und 405. Vgl. dazu die übereinstimmenden Artikelformen der Mundarten der Dauphiné und des dép. de l'Ain:

Dauph. nom. sing. masc. lo 3, fem. la 4,  Bress. masc. lo 21, fem. la 30.
    obl. -   - lo 2, - la 1,        - lo 22, - la 22.
    nom. plur. - lou 2, - le 2,    - lou 35, - le 39.
    obl. -   - lou 2, - le 6,      - lou 63, - le 56.

Das ehemals im nom. sg. masc. gebräuchliche li ist durch die Form lo verdrängt worden.

### 2. u. 3. Substantivum und Adjectivum.

71—75. Die Flexion der subst. und adject. im M. d'O. kann hier nicht in Betracht kommen, da bei der analogen Entwickelung der Declination auf dem gesammten galloroman. Sprachgebiete sich kein Kriterium für die Identität der Sprache der M. d'O. und des A. Fr. aus einer Vergleichung dieser mindestens durch 2 Jahrhunderte getrennten Denkmäler entnehmen liesse.

### 4. Pronomen.

76. Ich stelle im Wesentlichen die Formen aus M. d'O. zusammen, welche sich auch im A. Fr. vorfinden.

a) Personalpronomen.

1. pers. nos 37 und 2. pers. vos 36 (dat. plur.), 3. pers. lo 40 (obl. sg.); obl. plur. der 3. pers. lour 45. 47.

b) Possessivpronomen.

3. pers. Masc. nom. sg. sos[1]) 43. 60. 61. fem. sa.
- obl. - son 36. fem. sa 37, obl. plur. ses 43. 50 (A. Fr. sas).

c) Demonstrativpronomen.

Nom. sg. cil 44, ciz 36. 41, | cit 40, ices 43.
ceuz 75,
obl. sg. cel 39. 41. 54. 55. | cest 41. 47. 55. 61. 65. 76, cet
59. 60. | 37. 53. 54.

d) Relativpronomen.

Nom. sg. qui 37.      nom. plur. qui 37.
obl. - que 36.        obl. - que 37.

### 5. Verbum.

77. Infinitiv. Die Verba lat. 1. und 4. Conjug. lauten wie im A. Fr. aus auf —ar, nach Pal. ier (vgl. No. 5), und ir; lat. 4. Conj.: venir 57, finir 66, ferir 66, dormir 68, vir 50, issir 45 u. a. Derselben Bildung folgen Inf. lat. 2. Conjug.: tenir 41, sustinir 51, retinir 69. 72, gesir 51, resplandir 63. Inf. lat. 3. Conj. haben theils dieselbe Bildung: defayllir 60,

---

. [1]) A. Fr. hat ses im nom., obl. son; im späteren Dialekt ist, wie bei dem Artikel li, so hier ses aufgegeben worden.

presumir 59, quirrir 56, trahire 65[1]), theils re: liere 38[2])
(vgl. A. Fr. leyre), dire 36, fayre 45, querre 55 u. a.
78. Die Part. praet. der lat. 1. Conjug. (im A. Fr. auf —ad
endigend) haben t durchweg verloren (vgl. No. 5); vereinzelt
steht alaytat 71. Als Flexionscons. erscheint s und z:
elevas 43, enluminaz 59, appellaz 73, enbronchies 58, mesprisies 38 (A. Fr. —az). Die übrigen im A. Fr. vorhandenen Part. von stammbetonten Verbis sind in derselben
Form hier belegt: escrit 37, dit 72, pris 67 (A. Fr. preys).
79. Praes. Indic. 1. pers. sing. (A. Fr. ey und say): ay 36.
55. 73. 81, hay 40; say 66. 3. pers. sg.: Wie im A. Fr.
fällt in der a Conj. flexiv. t, und a und e schwanken im
Auslaut: ama 47, revela 47, aber senble 36, garde 55.
Alterthümliche Schreibung mit t noch in regardet 46, retornet 42, sonet 60, donet 40.

Bei Verbis lat. 2. und 3. Conjug. ist flexiv. t in der
3. pers. sing. fast durchweg in der Schrift erhalten: dit 47.
67, fait 40, fayt 71, veit 46 und vayt 60 (= videt); vayt
78, vait 75, veit 41 (= vadit). Neben est 41. 42. 44 findet
sich e 40 und sonst; stets a 36. 44, ha 42. 43. 44. 45 etc.
(— habet) und einmal vay 74 ohne t (= vadit). Aus den
letzten Formen geht hervor, dass t nicht mehr lautete.
Dass dieses Verstummen des t nicht bei allen Verbis zu
gleicher Zeit eintrat, ist wohl das Wahrscheinlichste. Dass
z. B. t in at = habet früher schwand, als in Formen wie
dit etc., zeigt schon ad (mit media) im A. Fr. Auf diese
Weise würden sich auch fay, vay, vey im A. Fr. erklären.

Dauph. Die 3. sg. der a Conj. lautet aus auf e:
cole 5, semble 12, aime 32, trove 4, pleye 14, toche 77,
laisse 15, saute 14 u. a. Bei verb. lat. 2. und 3. Conj.
schwankt flex. t in der Schrift: fat 14. 37. 39. 40,
fa 8. 72. 168; vat 37. 41, va 74; at 35. 36. 11. 12,
a 9. 41 etc., sort 71, sor 41; t fehlt stets in tin 4,
vin 7, pren 14, sin 37 (= sentit), vou 29 (= veut),
fau 5 (= faut).

---

[1]) cabir des A. Fr. findet sich bei On. 118 belegt als cabir und chavi.
[2]) Dauph. lire 66. 93. — fugir des A. Fr. lautet hier fure 14 (= fúgere),
also anders entwickelt als fugir erwarten liess. In dem Inf. auf ar (vgl.
No. 5) und ir ist r verstummt und auch in der Schrift unterdrückt: veni
9, parti 12, mori 21, suffri 22, feri 24, servi 25 u. a.

Ueber die 3. pers. plur. vgl. No. 81.

80. **Praes. Conj.** M. d'O. bietet nur den Conjunctiv dunt (= donet) 48 aus der a Conjug. (vgl. peys im A. Fr.). Auch hier war t wohl stumm. Von sonstigen Conjunctivformen (im A. Fr. toylle, teyne, sie, faz') in unserem Text: viegnet 45, vivet 55, placet 56, potet 50; t auch hier wohl nur von etymolog. Werth, ohne lantliche Geltung. Prov. und Altfrz. ist es hier frühzeitig geschwunden; siat stellt sich dar als seit 45. 47, seyt 69.

Dauph. perdon 8. 25 (= perdonet); meist aber erscheint in der a Conjug. die Endung —ei: alei 31, levei 32, trouvei 31, choquei 31 etc. Sonstige Conj. praes.: aye 1, vollie 24 (vgl. toylle des A. Fr.), beuve 31, seipe 31, aprene 24, poisse 12, face 8. 22 (im A. Fr. faz'). Auch hier Bildungen auf ei: correi 25, fazei 33; daneben erweiterte Conjunctivbildungen: troveize 33, troveise 33, atrapeise 33, veyeize 32, posseize 70, faceize 44 u. a. siat erscheint als: set 30. 130, siet 172, syet 182, siese 213, sieze 397, saye 279, soaye 172.

81. **Perfectum.** In der a Conjug. „et" wie im A. Fr. (daneben iet), vgl. No. 6. Von schwacher Bildung der andern Conjug. zeigt das A. Fr. perdet: hier Weiterbildung zu it: perdit 66. 68, entendit 55. 56 u. a.

Die Verba mit starker Flexion haben wie im A. Fr. flexiv. t bewahrt; fit 38. 50. 64, prit 40, vit 51. 52. 53, fut 36. 50. 57 u. oft (fu 54): habuit ergiebt in M. d'O. „ot" 39. 51 etc. Eine dem „ab" des A. Fr. nahe liegende Form findet sich in den von Förster, Rom. Stud. IV, edirten Gallo-ital. Predigten, deren Sprache auch sonst gewisse Aehnlichkeiten mit der des A. Fr. aufweist, III, 39 of. Beide Formen, ab und of, haben uit ohne Weiteres abgeworfen, und in den Auslaut gerücktes b dort als b, hier als f erhalten. Durch die Perf. ven XII, 36 und pot XXI, 93 werden auch ten 35 und pot 40 im A. Fr. als Perf. sicher gestellt. Pot als Perf. bietet überdies auch M. d'O. 67. 69, dagegen vint (franz.) 61. Diese Bildung der ui Perf. scheint demnach in früh roman. Zeit im Südosten Frankreichs verbreitet gewesen, später aber durch prov. Flexionsweise einerseits, durch franz. andererseits verdrängt worden zu sein.

Dauph. Die Perf. der a Conjug. haben —it, vgl. No. 6; it haben auch die schwachen Perf. anderer Conjug. courit 6. 20, semonit 6, defendit 68; dazu tenit 6, venit 12, disit 8. 9, dizit 19, poisit 9. Starke Perf. fit 9. 15, prit 30, vit 177 etc., fut 2; habuit erscheint als eut 90, eu 17 etc. und aguit 52. 73 (prov.). Die 3. plur. perf. (sowie praes.) hat im A. Fr. auslautendes —nt gewahrt. Ueber den tonlosen Vocal der Endung vgl. No. 3.

82. Imperf. Conj. Flexiv. t wie im A. Fr. erhalten: puit 40, sout 40, playsit 64, voucit 65 u. a.

Dauph. hat schwache (prov.) Bildungsweise: fisse 56, volisse 6, seupisse 25, fusse 7, eusse 20 u. a.

83. Futurum (A. Fr. credreyz). Hier trovareis 60, vereys 60. Dauph. ei zu i monophthongirt, der Endcons. ist geschwunden: parlari 29, trovari 160, oiri 15, verri 58 u. a.

---

Nach dieser ausführlicheren Vergleichung der Laut- und Flexionserscheinungen des A. Fr. mit den Dialekten von Lyonnais (M. d'O.) und der Dauphiné, bleibt mir noch übrig, kurz die Ergebnisse der Vergleichung zusammenzustellen. Bei dieser Zusammenstellung beschränke ich mich auf das A. Fr. und M. d'O., da wir die fast identische Laut- und Flexionsentwickelung der Mundart der Dauphiné mit der von Lyonnais im Einzelnen verfolgt haben. Unberücksichtigt lasse ich auch die auf dem Boden von ganz Frankreich gemeinsamen Lautvorgänge.

1. Nachtoniges a, wenn keine Pal. vorangeht, in beiden Texten erhalten. (No. 3.)

Das A. Fr. hat e für a in den einzelnen Worten enfes, encuntre, tres in der Verbindung trestot. | M. d'O. hat gleichfalls enfes encontres, tretot (treytot).

2. Nachtoniges a nach Pal. im A. Fr. in der Endung cia (tia) zu i, sonst e; | M. d'O. hat ebenfalls i in der Endung cia, sowie auch sonst meist i, wohl in Anlehnung an die sehr zahlreichen Worte auf ci; vereinzelt e (force, viegnet); a wird durchweg e im plur. der nomina lat. 1. Decl., ob Pal. vorhergeht oder nicht (No. 3).

3. a in der tonlosen Endung „at" in der 3. sing. praes. ind. der a Conjug. stellt sich im A. Fr. dar als „a" und „e" (toca, presente). | M. d'O. hat ebenfalls a und e (und alterthümlich et), ama, senble, regardet. (No. 3 und No. 79.)

4. Für auslautendes e erscheint im A. Fr. i in nobli, sapi, o nach r in quatro, entro. | M. d'O. hat noble, sagi; sonst aber häufig auslautendes i und o besonders nach r: autri, vostri; quatro. (No. 3.)

5. Betontes freies a, wenn keine Pal. vorangeht, in beiden Texten unverändert. (No. 5.)

6. Betontes freies a nach Pal. im A. Fr. noch a. | in M. d'O. „ie" in den Inf. lat. 1. Conjug. — „a" und „ie" in den particip. auf —atus. (No. 5.)

7. —avit in der 3. sg. perf. der a Conjug. in beiden Texten zu et. (M. d'O. auch iet.) (No. 6.)

8. Langes lat. e und freies ī wird in beiden Texten ę und ey. (No. 8.)

9. ē (ī) + gutt., sowie ĕ + gutt. giebt in beiden Texten ey (No. 9).

10. ē + (n)s wird im A. Fr. ey. | M. d'O. hat ei, e und i (corteis, cortesi, pris). (No. 8.)

11. ĕrius (= klass. lat. arius) wird im A. Fr. eyr (daneben primier). | in M. d'O. einmal „eyr" (volunteyrs), meist Monophthongirung zu „er"; daneben ebenso oft „ier". (No. 9.)

12. bĕne erscheint in beiden Texten als beyn (bein). (No. 10.)

13. Freies betontes ĕ ist im A. Fr. als e erhalten. | M. d'O. hat ĕ und Diphthongirung zu ie. (No. 10.)

14. ō in der Tonsilbe in beiden Texten unverändert. (No. 17.) Die Nomina auf or (oris) haben im A. Fr. —or, | In M. d'O. erscheint sowohl bei den subst. auf —or als auf

15. Freies und gedecktes ŏ im A. Fr. als o erhalten.
16. ŏ erscheint im A. Fr. vor liq. oder lab. bisweilen als u: cum, cunquesist, cubrir; — dazu uyl (oculus) etc.
17. Lat. au im A. Fr. noch au geschrieben, einmal o in losengetour.
18. Intervocales p und p vor r im A. Fr. zu b.

die auf —tor (toris) im obl. sing. und nom. plur. —our (einmal —ur).

—tor mit flexiv. s —ors, ohne flexiv. s —our; pecheors — Creatour, dolors — dolour. (No. 18.)
M. d'O. hat neben freiem o auch uo (ue). (No. 19.)
so auch im M. d'O. cum (neben öfterem com), hun (= on), cumunier, cuvers, uvrit; — huel (= oculus). (No. 2 und 19.)
in M. d'O. stets o; vgl. loenjo. (No. 22.)
in M. d'O. weiterentwickelt zu v. (No. 36.)

19. Germanisches w in beiden Texten zu g. (No. 45.)
20. c vor a im An- und Inlaut im A. Fr. noch c.
im M. d'O. zu ch. (No. 46.)
21. Intervocales t fällt in beiden Texten. (No. 58.)
22. Isolirtes t im Auslaut im A. Fr. noch als d erhalten.
in M. d'O. bereits geschwunden. (No. 61.)
23. t findet sich in beiden Texten als Stützconsonant eingeschoben. (No. 62.)
24. t + s (d + s) in beiden Texten zu z. (No. 67.)
25. Unetymologisches z in beiden Texten angefügt in senz (= sine + z). (No. 68.)
26. Nom. sg. masc. des Artikels im A. Fr. li und lo (jede Form 3 mal).
M. d'O. hat einmal lo, sonst stets li. (No. 70.)
27. Nom. sg. des männlichen Possessivpronomen der 3. pers. ist im A. Fr. ses.
M. d'O. hat sos (wohl durch Anbildung an den obl.). (No. 76 b.)
28. In der 3. sg. praes. ind. der Verba lat. 2. und 3. Conjug., sowie in „est" hat das A. Fr. flexiv. t gewahrt. Es fehlt in fay, vay, vey, conten.
M. d'O. hat flexiv. t stets gewahrt. Doch neben vayt einmal vay und stets a (ha) für habet (A. Fr. ad); e neben est. t war jedenfalls schon verstummt, wenn es auch noch meist geschrieben wurde. (No. 79.)

29. Starke Perfectbildung in | M. d'O. hat fit, prit, vit, fut.
beiden Texten; im A. Fr. | (No. 81.)
fist, prist, vid, fud, duyst. |

30. Flexiv. t auch in der 3. sg. Conj. Imperf. in beiden Texten erhalten. (No. 82.)

31. Bildungen des A. Fr., für welche M. d'O. keine Belege bietet, fanden wir z. Th. in anderen Texten aus dem Südosten Frankreichs belegt; so z. B. cabir des A. Fr. in On. p. 118 in der Form cabir und chavi; ferner boten die gallo-ital. Predigten Analoga zu den Perf. auf —ui des A. Fr. (vgl. No. 81).

‹So zeigt vorstehende Uebersicht, dass im Ganzen die Charakteristika der Sprache des A. Fr. in den herangezogenen Denkmälern, speciell in den Werken der Marguerite d'Oyn vereint vorhanden sind, oder aber, dass letzteres Document in seinen abweichenden Sprachformen als eine jüngere Stufe der Mundart des A. Fr. betrachtet werden darf, welche keine ältere Lautgestalt als die des A. Fr. in irgend einem Punkte aufweist. Möglich, dass es später gelingt, die Heimath des A. Fr. noch genauer zu bestimmen, soviel aber glaube ich durch vorstehenden Versuch gezeigt zu haben, dass wir im Alexander-Fragment des Alberich von Besançon einen sehr alten Text aus dem südöstlichen Frankreich, der Gegend des Rhoneknies, oder um der Heimathsgegend ein Centrum zu geben, aus der Gegend von Lyon besitzen.

**Hirschberg i. Schl.,**
„Bote aus dem Riesengebirge".